지역농협
6급

KB207418

직무능력평가
봉투모의고사

/

1회

박문각

제1회 직무능력평가

(60문항 / 60분)

01 다음 문장 중 띄어쓰기가 틀린 것은?

① 사람은 놀던 데에서 놀아야 한다.
② 예습을 하기는커녕 숙제도 제대로 하지 않았다.
③ 일 년 사이에 체중이 많이 늘었다.
④ 건강 만큼은 확실하게 지키도록 관리에 힘써야 한다.

02 다음은 일정한 규칙으로 나열한 수열이다. 이때, ?에 들어갈 숫자로 옳은 것은?

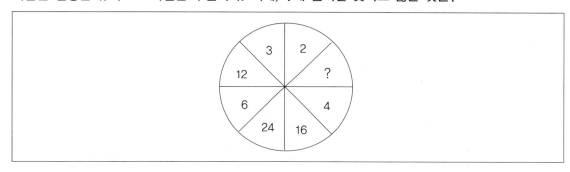

① 7   ② 8
③ 11   ④ 12

03 다음 중 예산집행에 대한 설명으로 옳지 않은 것은?

① 예산을 집행했어도 수시로 예산을 얼마나 사용했는지 점검해야 한다.
② 예산을 배정하기 전에 예산 범위 내에서 수행해야 하는 활동과 소요될 것으로 예상되는 예산을 정리해야 한다.
③ 예산 지출 규모를 확인 후 우선적으로 추진해야 하는 활동을 선정해야 한다.
④ 예산 집행 실적은 과업세부도를 활용하는 것이 효과적이다.

04 다음은 ○○은행의 K대리가 작성한 기안서이다. 이에 대한 설명으로 옳지 않은 것은?

기 안 서

보존년한	5년	결 재	전결권자				대표이사
			담당자	팀장	부장	전무	
분 류	○○은행 상품혁신부						
문서번호	제2025 - 16523호						
기 안 자	K대리	기 안 일	2025년 3월 6일	시 행 일			
경유 수신 참조	내부 결재	발신			통제		
제 목	신규 ○○상품 운영을 위한 인력 충원 요청의 건						

신규 금융상품 출시 및 마케팅 진행에 따라 원활한 운영을 위하여 아래와 같이 인력 채용 또는 내부 인력 배정을 받고자 하오니 검토 후 재가하여 주시기 바랍니다.

----- 아래 -----

1. 진행 부서 : 상품혁신부
2. 충원 목적 : 신규 상품 출시 및 마케팅 진행에 따른 기존 인력 업무 지원
3. 업무 내용
   ① 고객 및 해외 니즈 파악
   ② ○○상품과 제휴가 가능한 외부 업체 분석
   ③ 판매 활성화 협의회를 통해 ○○상품 마케팅 방안 구성

붙임 : ○○상품 계획안 (끝)

① 업무 내용에 '고객 및 해외 니즈 파악'이라고 단순하게 적는 것보다는 '고객 및 영업점 직원의 상품 패널에 올라오는 의견과 해외 트렌드 분석'이라고 내용을 명확하게 해야 한다.
② 신규 상품을 출시했을 때의 기대효과는 나중에 고객 반응을 보고 구두로 전달해야 한다.
③ 기안서의 마지막 부분에 요청 사항을 강조하고, 감사의 표현을 적는 것이 좋다.
④ 인력 충원을 얼마나 해야 하는지 정확히 기재해야 한다.

05 다음은 갑 국가의 연도별 무역 현황에 대한 자료이다. 다음 중 옳지 않은 것은?

갑 국가 전국 무역 현황

(단위: 억 원)

구분	수출	이출	수출 및 이출	수입	이입	수입 및 이입
2018년	6,448	28,587	35,035	24,648	39,047	63,695
2019년	9,320	40,901	50,221	18,159	41,535	59,694
2020년	14,855	42,964	57,819	22,675	52,459	75,134
2021년	20,233	64,726	84,959	31,396	72,696	104,092
2022년	18,698	137,205	155,903	43,152	117,273	160,425
2023년	22,099	199,849	211,948	98,159	184,918	283,077

갑 국가 A, B지역의 무역 현황

(단위: 억 원)

구분	수출 및 이출		수입 및 이입	
	A지역	B지역	A지역	B지역
2018년	631	5,256	11,137	14,217
2019년	1,040	8,131	11,445	12,833
2020년	2,235	7,139	14,763	17,394
2021년	2,244	9,869	19,065	21,294
2022년	4,382	15,655	29,271	29,083
2023년	4,880	26,375	51,834	64,613

※ 이출(입): 갑 국가 내에서 일어난 수출(입)
  수출(입): 갑 국가 이외의 국가에 대한 수출(입)
  무역 규모: 수출 + 이출 + 수입 + 이입

① 갑 국가의 무역 규모는 매년 증가하고 있다.
② 갑 국가의 수출 및 이출에서 수출이 차지하는 비중은 2021년과 2023년이 10%p 이상 차이 난다.
③ 2019년 갑 국가 전체의 수입 및 이입은 A와 B지역의 수입 및 이익의 총합보다 3배 이상 많다.
④ 2021년 B지역의 무역 규모는 같은 해 A지역의 무역 규모보다 9,000억 원 이상 많다.

06 여학생 3명과 남학생 3명이 순서를 정하여 한 명씩 차례로 놀이공원에 입장하려고 할 때, 여학생 3명이 연이어 입장하게 되는 경우의 수는?

① 144가지　　　　　　　　　　　　② 180가지
③ 240가지　　　　　　　　　　　　④ 360가지

07 다음은 일정한 규칙으로 나열한 수열이다. 이때 빈칸에 들어갈 숫자로 옳은 것은?

$$\frac{1}{2} \quad \frac{1}{3} \quad \frac{2}{9} \quad \frac{4}{27} \quad (\quad)$$

① $\frac{6}{54}$　　　　　　　　　　　　② $\frac{8}{81}$
③ $\frac{6}{81}$　　　　　　　　　　　　④ $\frac{8}{54}$

08 다음 갑과 을의 대화에서 밑줄 친 단어의 맞춤법이 적절하지 않은 것은?

갑 : 왜 이렇게 <u>안절부절못하고</u> 서 있니?
을 : 어젯밤에 잠을 못 잤어. <u>천장</u>에서 이상한 소리가 들리는 거야.
갑 : 무슨 소리였어?
을 : 얘기하려고 <u>위층</u>에 올라갔는데 화재가 난 거였어. 불길이 <u>걷잡</u>을 수 없이 번져 나가더라고.
갑 : 어머. 그래서 어떻게 했어? 다친 사람들은 없고?
을 : 응. 다행히 빈 집이었어. 119에 바로 신고하고 대피했지. 소방관들이 진화하고 나니 불길이 사그라졌어.

① 안절부절못하고　　　　　　　　　② 천장
③ 위층　　　　　　　　　　　　　　④ 걷잡을

09 다음은 ○○회사에서 인턴직원으로 근무 중인 갑, 을, 병, 정, 무 5명의 3개월간의 근무 평가표이다. 이 근무 평가표를 〈보기〉의 평가방식으로 평가하여 최종 2명을 정규직으로 전환한다고 할 때, 정규직이 되는 2명은 누구인가?

인턴 근무 평가표

평가 항목	세부 항목	평가 내용	갑	을	병	정	무
태도 (40%)	근무태도	성실하고 근면한 태도	9	10	6	8	8
	책임감	맡은 일에 대한 책임감 및 결과에 대해 책임을 지려는 자세	8	9	7	5	8
	협동심	동료 및 상사와의 협동 관계	7	9	8	6	10
	근태	지각, 조퇴, 결근 여부	10	9	8	8	9
업무능력 (40%)	능률	지시받은 업무의 신속하고 정확한 처리 여부	6	8	9	10	9
	업무 지식	직무 수행에 필요한 지식을 갖추었는지	7	9	8	8	9
	실천력	지시받은 업무나 계획한 업무를 기한에 맞춰 끝까지 추진하였는지	7	6	9	9	7
업적 (20%)	업무 결과	타 인턴과 비교해서 업무 결과가 좋은지, 주어진 업무 방향에 맞게 업무를 하였는지	7	8	8	8	8
	업무 달성도	주어진 업무의 달성 여부, 기한 내에 달성 여부	7	8	8	10	9
	피드백 반영 능력	달성한 업무에 대해 피드백을 주었을 때 충분히 반영을 하는지, 피드백에 대한 이해도가 높은지	5	9	6	7	9

┌ 보기 ┐
- 인턴 근무 평가항목은 크게 태도(40%), 업무능력(40%), 업적(20%)으로 나누어 진행한다.
- 세부 항목에 대한 평가 점수는 10점 만점으로 1~10점으로 평가한다.
- 평가 항목별 세부 항목 평가 점수 총합에 각 평가 항목별 반영 비율을 곱한 점수의 총합이 가장 높은 2명의 인턴을 정규직으로 전환한다.

① 갑, 무   ② 을, 병
③ 을, 무   ④ 병, 정

10 농업이 국민경제의 근간임을 국민들에게 인식시키고 농업인의 긍지와 자부심을 고취시키며 노고를 위로하기 위해 제정된 법정기념일의 이름과 날짜가 바르게 짝지어진 것은?

① 도시농업의 날, 4월 11일　　　② 농업인의 날, 5월 14일
③ 도시농업의 날, 6월 5일　　　④ 농업인의 날, 11월 11일

11 생산팀의 정 사원은 팀의 한 달 계획을 다음과 같이 정리했다. 이를 통해 전체 일정을 한눈에 파악하기 용이하게 발표 자료를 만든다고 할 때, 어떤 업무 수행 시트를 사용해야 가장 효과적인가?

진행계획	시작	종료	기간
계획 수립	2023 − 08 − 01	2023 − 08 − 05	5일
시장 조사	2023 − 08 − 06	2023 − 08 − 11	6일
제작 계획 수립	2023 − 08 − 12	2023 − 08 − 22	11일
설계 및 제작	2023 − 08 − 22	2023 − 08 − 30	9일

① 체크리스트　　　② 간트 차트
③ 워크플로시트　　　④ SWOT분석

12 다음 제시문의 내용과 관련 있는 사자성어는?

> 산의 정상에 오르고자 하는 사람은 처음에는 산의 주변 경치를 둘러보고 그 다음에는 산의 중턱 정도까지 오르고 그 다음에 정상까지 올라야 한다. 처음부터 무작정 산 정상에 오르기 위해 욕심을 부린다면 일을 그르치게 될 것이다.

① 산자수명(山紫水明)　　　② 욕속부달(欲速不達)
③ 십벌지목(十伐之木)　　　④ 풍월주인(風月主人)

[13~14] 다음은 A, B, C, D, E 5개 도시 간 운송비용표이다. 이를 보고 이어지는 물음에 답하시오.

(단위 : 만 원/톤)

출발＼도착	A	B	C	D	E
A	－	2	4	3	5
B	1	－	2	4	6
C	3	1	－	2	5
D	5	4	2	－	1
E	6	4	2	2	－

13 A시를 출발하여 B시로 갈 때, 운송비용이 가장 낮은 경로는? (단, 중간에 E시를 반드시 거친다.)

① A→D→E→C→B ② A→D→E→B
③ A→C→D→E→B ④ A→E→B

14 가장 적은 비용으로 운송하는 경로를 택하여 다음과 같은 일정을 소화할 경우 총 운송비용은 얼마인가?

출발	도착	운반물
C	E	X (7톤)
D	A	Y (5톤)
B	E	Z (8톤)

① 77만 원 ② 79만 원
③ 81만 원 ④ 83만 원

[15～16] 다음은 최근 금융환경 변화에 대한 자료이다. 이를 보고 이어지는 물음에 답하시오.

최근 금리인하 및 저금리 추세 지속으로 수신금융기관들(은행, 상호금융, 저축은행, 우체국)은 수신 단기화에 따라 자금조달이 불안정한 상황에서 증권, 부동산 등 실물자산으로의 머니무브(Money - Move)에 따른 예금 이탈 가능성이 증대되고 있다. 또한 대출금리가 예금금리보다 더 하락하면서 순이자 하락 압력도 지속되고 있다. 향후 은행의 바젤III 장기유동성규제 및 계좌이동제가 동시에 시행됨에 따라 주거래 고객 확보를 위한 은행 간 경쟁은 심화될 것이며, 고객 유치경쟁에 따른 비용 증가로 은행 이외에 수신금융기관들에게까지 자금조달의 안정성과 수익성에 부정적인 영향을 끼칠 것으로 판단되고 있다. 또한 인터넷전문은행, 핀테크, 외환송금자유화, 저축은행의 신용카드 및 보험판매 허용 등 정부의 금융업에 대한 규제완화 기조는 중·장기적으로 수신금융기관들 간에 경쟁의 강도를 높이면서 경영에 부정적으로 영향을 끼칠 것으로 추측되고 있다.

농·축협의 경우, 위기 시 예금 이탈 가능성이 낮은 소매예금고객과 저원가성예금* 비중이 타 수신금융기관에 비해 높아 최근 금융환경변화가 농·축협 유동성 변동에 크게 영향을 미치지 않을 것으로 예상되지만 저금리 기조와 은행을 포함한 수신금융기관들 간 주거래고객 유치경쟁 심화에 따른 비용 증가 등으로 수익성 하락의 전망은 불가피하다. 따라서 농·축협은 기존 고객 관리 강화와 경쟁력 있는 상품 개발을 통한 신규고객 창출로 고객 기반을 확고히 하는 것은 물론 지역밀착형 금융서비스 구현을 통한 다양한 수익원발굴전략이 필요하다.

무엇보다도 협동조합의 공동자본이라 할 수 있는 내부유보금은 역사적으로 사업의 자본비용을 낮춤으로써 영리회사에 대응한 경쟁력 제고에 크게 기여해 왔기 때문에 수익성을 제고하기 위해서라도 내부유보금은 지속적으로 확충되어야 한다.

고객군별 예금 비중 비교

구분	소매예금(개인)	법인예금	기타예금
농·축협	90.2%	8.9%	0.9%
주요은행	42.7%	38.9%	13.9%

저원가성예금 비중 비교

구분	농·축협	상호금융(농·축협 제외)	주요은행
저원가성예금 비중	31.3%	11.3%	32.4%

* 저원가성예금: 은행이 적은 비용으로 자금을 조달할 수 있는 예금이다. 금리가 연 0.1% 수준에 불과한 보통예금, 가계당좌예금, 별단예금 등 수시입출금식 예금이 이에 해당한다.

15 윗글에 대한 설명으로 옳지 않은 것은?

① 실물자산으로의 예금 이탈 가능성이 증대되고 있다.
② 금리인하와 저금리 추세가 계속되면서 수신 단기화에 의해 자금조달이 불안정하다.
③ 대출금리가 예금금리보다 높아지면서 순이자의 하락 압력도 지속되고 있다.
④ 계좌이동제가 시행됨에 따라 주거래 고객 확보를 위한 비용이 증가될 것이다.

16 위 자료를 근거로 했을 때 금융환경 변화에 대한 대응책을 바르게 말한 사람을 〈보기〉에서 모두 고르면?

┌ 보기 ┐
A : 농협은 소매예금이 차지하는 비율이 높아. 위기 시 소매예금자는 이탈가능성이 높기 때문에 안정적인 법인에 힘을 쏟아야 해.
B : 맞아. 그리고 저원가성예금의 비중도 주요은행에 비해 높기 때문에 아무래도 유리하지.
C : 내부유보금을 지속적으로 확충해야 돼. 이건 영리회사에 대응해 경쟁력을 제고시킬 수 있는 방안이기도 해.
D : 농협만이 가질 수 있는 지역밀착형 금융서비스를 구현하여 수익을 발현시키도록 노력해야 해.

① A, B
② A, D
③ B, C
④ C, D

17 다음 문장 중 맞춤법에 맞지 않는 것은?

① 그는 가족도 없는 혈혈단신으로 살아왔다.
② 옷의 색이 바래서 입지 못하게 됐어.
③ 6개월 넘게 진행하던 프로젝트가 비로소 끝났네.
④ 옷을 입은 체로 잠이 들고 말았다.

18 다음은 한 화장품 회사의 SWOT분석이다. 이때 환경 분석결과에 대응하는 전략으로 옳지 않은 것은?

강점(Strength)	• 높은 기술력 • 브랜드의 높은 신뢰도 • 오프라인 마켓을 통한 고객과의 높은 접근성 • 옴므라인에 맞는 확실한 컨셉 보유
약점(Weakness)	• 옴므라인 후발 주자 • 경쟁업체들에 비해 적은 제품 수 • 용량 대비 높은 가격
기회(Opportunity)	• 남성화장품 시장의 지속적인 성장 • 남성 1인당 화장품에 쓰는 비용 증가 • 사회적 인식 변화에 따른 남성화장품 트렌드의 변화
위협(Threat)	• 경쟁업체들의 지속적인 남성화장품 시장 공략 • 내수경기 침체로 인한 소비심리 위축 • 남성화장품과 관련된 특허출원 증가

내부요인 외부요인	강점(Strength)	약점(Weakness)
기회(Opportunity)	① 신뢰감 있는 브랜드 이미지로 남자 트렌드에 맞는 옴므라인 마케팅	② 옴므라인을 기능별로 종류를 다양하게 개발하여 남성화장품 시장 선점
위협(Threat)	③ 높은 기술력으로 프리미엄라인의 남성화장품을 개발하여 고급화 전략	④ 1+1이벤트로 소비심리 위축을 완화시키며 공격적으로 남성화장품 시장을 공략

19 농협식품은 신동진 햅쌀로 만든 '농협 통가래떡' 판매액을 늘리기 위해 지점마다 여러 가지 프로젝트를 시행하였다. 전체 판매액 증가율 40%를 목표로 잡았는데, 판매액이 46% 증가하는 성과를 거두었다. 이때, 다음 표의 ㉠에 들어갈 금액은?

지점별 프로젝트	총 제품 판매 금액(만 원)	
	프로젝트 전	프로젝트 후
○○농협 − 설명회	6,500	9,100
◎◎농협 − 사은품 제공	3,725	5,730
△△농협 − 1+1 이벤트	㉠	9,385
◇◇농협 − 이색 체험	7,155	11,370
□□농협 − 시식 행사	5,890	8,215

① 6,590만 원   ② 6,640만 원
③ 6,730만 원   ④ 6,820만 원

20 다음 문장 중 띄어쓰기가 옳은 것은?
① 영수는 학교에서뿐만 아니라 집에서도 말이 없다.
② 많은 사람의 추측 대로 그는 유학길에 올랐다.
③ 매순간 감사하는 마음을 갖고 살자.
④ 채용 면접은 나흘 간 진행됩니다.

21 다음은 국내 체류 외국인 고용조사 결과와 고용지표이다. 이에 대한 설명으로 옳지 않은 것은?

출신대륙별 경제활동상태

(단위 : 천 명)

구분		15세 이상 인구	경제활동 인구	취업자	실업자	비경제활동 인구
2023	외국인 합계	1,376	986	937	50	390
	아시아	1,235	899	857	42	336
	북미	89	54	52	3	35
	유럽	31	20	18	2	11
	오세아니아	9	5	4	1	4
	기타	12	8	6	2	4
2024	외국인 합계	1,422	1,003	963	40	419
	아시아	1,277	915	881	34	362
	북미	86	48	45	3	38
	유럽	35	24	23	1	11
	오세아니아	10	7	6	1	3
	기타	14	9	8	1	5

고용지표

- 경제활동 참가율 $= \dfrac{\text{경제활동 인구}}{\text{15세 이상 인구}} \times 100$

- 고용률 $= \dfrac{\text{취업자 수}}{\text{15세 이상 인구}} \times 100$

- 실업률 $= \dfrac{\text{실업자 수}}{\text{15세 이상 인구}} \times 100$

① 2024년에 전년 대비 경제활동 참가율이 가장 크게 증가한 외국인은 오세아니아 출신이다.
② 2023년 북미 출신 외국인의 경제활동 참가율은 오세아니아 출신 외국인보다 낮다.
③ 2024년 아시아 출신 외국인의 고용률이 다른 외국인들에 비해 높다.
④ 2024년에 북미 출신 체류 외국인의 실업률은 전체 외국인 평균보다 높다.

22 제시된 명제들을 통해 추론할 수 있는 것은?

- 반바지를 입으면 티셔츠를 입는다.
- 셔츠를 입지 않으면 시계를 차지 않는다.
- 시계를 차지 않으면 반바지를 입는다.
- 티셔츠를 입으면 구두를 신지 않는다.
- 운동화를 신으면 셔츠를 입지 않는다.

① 구두를 신으면 반바지를 입는다.
② 셔츠를 입으면 반바지를 입지 않는다.
③ 반바지를 입으면 운동화를 신는다.
④ 운동화를 신으면 티셔츠를 입는다.

23 복도식으로 구성된 빌딩의 어느 한 층의 구조가 다음과 같다. 다음 주어진 〈조건〉을 만족할 때, A와 D에 위치한 상점은?

사무실들의 위치		
법률사무소	A	B
복도		
C	D	E

┌ 조건 ┐
- 여행사, 무역회사, 출판사는 마주보지도 않고, 바로 옆에 위치해 있지도 않다.
- 출판사는 회계사무소와 같은 라인에 위치한다.
- 여행사는 무역회사와 같은 라인에 있지만 법률사무소와 같은 라인에 있지는 않다.
- 세무서와 무역회사는 바로 옆에 위치하고 있다.

	A		D
①	출판사	–	세무서
②	회계사무소	–	세무서
③	무역회사	–	회계사무소
④	여행사	–	무역회사

24 A회사 영업팀 홍 과장은 팀 회식비로 총 42만 원을 지출하였다. 다음 결재규정을 참고할 때, 홍 과장이 작성한 결재 양식으로 옳은 것은?

결재규정

- 결재를 받으려는 업무에 대하여 최고결재권자(대표이사) 포함 이하 직책자의 결재를 받아야 한다.
- 전결이라 함은 회사의 경영활동이나 관리활동을 수행함에 있어 의사결정이나 판단을 요하는 일에 대하여 최고결재권자의 결재를 생략하고, 자신의 책임하에 최종적으로 의사결정이나 판단을 하는 행위를 말한다.
- 전결사항에 대해서도 위임받은 자를 포함한 이하 직책자의 결재를 받아야 한다.
- 표시내용 : 결재를 올리는 자는 최고결재권자로부터 전결사항을 위임받은 자가 있는 경우 결재란에 전결이라고 표시하고 최종 결재권자란에 위임받은 자를 표시한다.
- 최고결재권자의 결재사항 및 최고결재권자로부터 위임된 전결사항은 아래의 표에 따른다.

구분	내용	금액	결재서류	팀장	부서장	대표이사
출장비	교통비, 식비, 숙박비	~20만 원 이하	지출결의서	■		
		20만 원 초과 ~30만 원 이하			■	
		30만 원 초과~				■
법인카드	법인카드 사용	~20만 원 이하	법인카드 신청서	■		
		20만 원 초과~			■	
교육비	사내교육		지출결의서		■	
회식비	팀별 진행	~30만 원 이하	회식신청서	■		
		30만 원 초과 ~50만 원 이하				■
소모품비	사무용품	20만 원 초과 ~30만 원 이하	지출결의서		■	
	식료품	~20만 원 이하		■		

① 회식신청서

결 재	담당	팀장	부서장	최종 결재
	홍 과장			대표이사

② 회식신청서

결 재	담당	팀장	부서장	최종 결재
	홍 과장		전결	부서장

③ 회식신청서

결 재	담당	팀장	부서장	최종 결재
	홍 과장	/	전결	대표이사

④ 회식신청서

결 재	담당	팀장	부서장	최종 결재
	홍 과장	/	/	대표이사

25 ○○회사의 송 과장과 박 대리는 4박 5일간 싱가포르로 출장을 가게 되었다. 이에 박 대리는 출장 시 이용할 항공료, 자동차 렌트 비용, 호텔 숙박비용을 산정하려고 한다. 업체별 비용을 합산했을 때의 총 비용이 가장 저렴한 업체를 선택하려 할 때, 박 대리가 업체에 지불할 총 비용은 얼마인가? (단, 렌터카 는 5일 이용, 호텔은 4박을 기준으로 한다.)

항공사별 인천 – 싱가포르 항공료(왕복)

구분	항공료(1인 기준)	할인혜택(2인 예매 시)
A항공사	480,000원	1인당 20%
B항공사	520,000원	1인당 25%
C항공사	385,000원	–

업체별 렌터카 비용

구분	상세내용
D업체	• 1일 120,000원, 추가 1일당 50,000원 • 3일 이상 사용 시 총 렌터카 비용의 10% 할인
E업체	• 1일 80,000원, 추가 1일당 55,000원 • 4일 이상 사용 시 총 렌터카 비용의 5% 할인
F업체	• 1일 70,000원, 추가 1일당 60,000원 • 7일 이상 사용 시 총 렌터카 비용의 10% 할인
G업체	• 1일 150,000원, 추가 1일당 35,000원

호텔별 숙박비용

구분	상세내용
H호텔	• 1박 120,000원, 추가 1박당 80,000원 • 3박 이상 이용 시 총 호텔 비용의 5% 할인
I호텔	• 1박 110,000원 • A항공 이용 시 숙박 일수에 관계없이 총 호텔 비용의 20% 할인
J호텔	• 1박 105,000원 • B항공 이용 시 숙박 일수에 관계없이 총 호텔 비용의 15% 할인
K호텔	• 1박 110,000원, 추가 1박당 75,000원 • 5박 이상 이용 시 총 호텔 비용의 3% 할인

① 1,266,000원
② 1,290,000원
③ 1,388,000원
④ 1,395,000원

26 ○○환경관리과에 근무하는 L씨는 상사로부터 2020~2023년 소음 발생원별 민원건수를 정리하여 보고하라는 지시를 받았다. 민원건수 현황이 다음과 같을 때, 이에 대한 설명으로 옳은 것을 〈보기〉에서 모두 고르면?

소음 발생원별 민원건수 현황

(단위 : %)

구분	공장	건설작업	교통	심야영업	항공	생활	기타
2020년	34.0	27.0	14.3	8.2	5.6	4.8	6.1
2021년	35.6	22.3	12.7	12.6	7.2	3.5	6.1
2022년	36.0	17.6	10.5	18.4	8.1	3.6	5.8
2023년	38.1	14.0	7.1	23.0	9.2	2.7	5.9

> **보기**
>
> ㉠ 2023년 생활 소음 민원건수와 교통 민원건수의 비율 차이는 2020년에 비해 감소하였다.
> ㉡ 2022년 심야영업 민원건수 비율은 2년 전에 비해 3배 이상 증가하였다.
> ㉢ 2022년과 2023년 소음 발생원별 민원건수 비율이 높은 순서는 세 번째까지 동일하다.
> ㉣ 조사기간 중 건설작업 현장의 소음으로 인한 민원건수는 점점 줄어드는 추세이다.

① ㉠, ㉡
③ ㉠, ㉡, ㉢

② ㉡, ㉢
④ ㉠, ㉢, ㉣

[27~28] 다음은 A전자의 내부 경영 분석 보고서이다. 이를 보고 이어지는 물음에 답하시오.

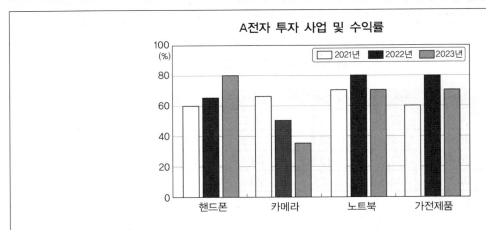

A전자 투자 사업 및 수익률

사업별 투자비용(2022년 기준)

구분			투자비용(분기별)
핸드폰	OS		10,000,000원
	하드웨어	물리 펜	10,000,000원
		카메라	8,000,000원
카메라	Body		20,000,000원
	Lens		20,000,000원
노트북	화질개선		7,000,000원
	경량화		8,000,000원
가전제품	세탁기		8,000,000원
	에어컨		9,000,000원
총액			100,000,000원

현재 A전자의 재무 현황을 살펴볼 때 2021년의 투자비용 이상의 금액을 투자하는 것은 경영난을 넘어 회사 존립에 영향을 줄 수 있습니다. 최근 중국으로부터 가격 대비 좋은 성능을 갖춘 가전제품들이 수입되고 있어 경쟁력을 높이지 않으면 수익률은 떨어질 수 있습니다. 현재 A전자의 핸드폰사업부는 세계 점유율 1위를 달성하고 있는 가장 든든한 수입원입니다.

27 위 보고서의 내용과 일치하지 않는 것은?

① 2022년 노트북 사업과 가전제품 사업 수익률을 참고했을 때, 가전제품 사업의 효율성이 더 높다.
② 카메라 사업의 향후 전망은 어두운 편이다.
③ 핸드폰 사업은 투자비용에 대한 긍정적인 결과를 보여주고 있다.
④ 2023년 가전제품 사업의 수익률 성장이 주춤한 것은 해외 제품 유입으로 인한 경쟁 때문으로 분석된다.

28 위 보고서를 참고했을 때, A전자 경영진들이 우선적으로 취해야 할 조치로 가장 적절한 것은?

① 모든 사업부의 투자금액은 동결하고 핸드폰 사업부에 투자 금액을 집중시킨다.
② 카메라 사업은 투자비용 대비 수익률이 계속해서 떨어지므로 카메라 사업의 투자비용을 줄이고 가전제품 분야에 투자한다.
③ 노트북 사업 투자비용을 늘린다.
④ 핸드폰 제품의 가격을 인하한다.

29 다음은 NH은행의 종무식 예산기획안이다. 기획안에 대한 설명으로 옳은 것은?

종무식 예산기획안

1. 감사패

항목	금액(1개 기준)	개수
공로패	75,000원	2개
표창장	6,000원	10개

2. 무대 설치비

항목	금액(1개 기준)	개수
음향과 조명	90,000원	3개
현수막	20,000원	2개
무대 장식	7,500원	8개

3. 음식

항목	금액(1개 기준)	개수
맥주	5,000원	50병
치킨	18,000원	50마리
음료	2,000원	50캔

4. 예산 확보

항목	금액	후원인
A업체	220,000원	(주)△△
B대표이사	300,000원	○○○
C위원회	200,000원	□□□
운영비	1,000,000원	◎◎◎

① 예산기획안으로 보아 회사 인원은 최소 50명이다.

② 무대 설치비는 총 360,000원이다.

③ 음식에 들어가는 비용은 1,220,000원이다.

④ 예산기획안에 잡힌 비용은 예산 확보된 비용을 넘는다.

30 다음은 고향사랑기부제의 주요 혜택과 이를 통한 A씨의 기부금 내역이다. 이때, A씨가 2022~2024년 받을 수 있는 총 기부 포인트와 세액공제 금액은?

◎ 고향사랑기부제 주요 혜택
- 기부금에 대한 세액공제 혜택 제공 : 10만 원까지는 전액, 10만 원 초과 금액은 16.5%
  ※ 100만 원 기부 시 24.8만 원 공제(10만 원+초과분 90만 원의 16.5%인 14.8만 원)
- 기부 포인트 제공 : 기부액의 30% 한도 포인트 제공
  ※ 포인트로 답례품 구매 가능

◎ A씨의 기부금 내역
- 2022년 : 160만 원
- 2023년 : ○○○만 원(2022년 대비 5% 증가)
- 2024년 : ○○○만 원(2023년 대비 5% 증가)

	기부 포인트	세액공제 금액
①	1,513,200원	1,827,600원
②	1,051,320원	1,827,600원
③	1,513,200원	1,082,760원
④	1,051,320원	1,082,760원

31 다음의 제시된 명제들이 참일 때, 추론할 수 있는 것은?

- 홍민이는 일주일에 세 번 운동을 한다.
- 홍민이는 일요일과 월요일에는 운동을 하지 않는다.
- 이틀 연속으로 운동을 가는 날은 없다.

---

① 화요일은 홍민이가 운동을 하지 않는 날이다.
② 토요일은 홍민이가 운동을 하지 않는 날이다.
③ 목요일은 홍민이가 운동을 하는 날이다.
④ 수요일은 홍민이가 운동을 하는 날이다.

32 다음 문장 중 띄어쓰기가 틀린 것은?

① 이 음식점은 맛있다고 소문난 곳이야.
② 형 만한 아우 없다.
③ 그와 나는 오래전에 헤어졌어.
④ 그렇게 결론짓지는 마세요.

33 K씨는 N은행에서 만기가 2년인 연이율 1.8% 정기예금 500만 원에 가입했다. 이후 사정이 생겨 180일 후에 해지하였다면 받게 되는 금액은 얼마인가? (단, 1달은 30일로 한다.)

- 원금: 납입금액 × 개월 수
- 이자: 원금 $\times \dfrac{연이율}{12} \times$ {개월 수 × (개월 수 + 1)/2}
- 중간에 해지하는 경우는 가산세 0.5% 부과: 원금 $\times \dfrac{0.005}{12} \times$ {개월 수 × (개월 수 + 1)/2}
- 받는 금액 = 원금 + 이자 − 가산세
  *가산세는 만기 이전에 해지 시에만 적용

① 30,000,000원
② 30,217,000원
③ 30,490,000원
④ 30,682,500원

34 다음 문장의 빈칸에 들어갈 말로 적절한 것은?

어젯밤 세수를 하고 아무 것도 바르지 않고 잤더니 얼굴이 매우 (   ).

① 당긴다
② 땅긴다
③ 땡긴다
④ 댕긴다

[35~36] 다음은 자경 농지의 증여세에 대한 자료이다. 이를 보고 이어지는 물음에 답하시오.

◎ **농지 · 초지 · 산림지 · 축사용지 증여 시 증여세 감면**

증여세란 경제적 가치가 있는 재산을 타인에게 무상으로 증여하는 경우 그 재산을 증여받은 사람이 증여받은 재산가액의 10~50%를 납부하는 세금이다. 그러나 자경농민이 영농자녀에게 농지나 초지, 산림지 또는 축사용지를 증여하는 경우로서 일정한 요건을 갖춘 경우에는 증여세를 감면한다.

◎ **물려주는 자와 물려받는 자의 요건**

1. 물려주는 자의 요건(자경농민)
   (1) 물려줄 농지 등의 소재지에 거주하면서 직접 경작
      * 농지 등의 소재지에 거주: 농지 등이 소재하는 시·군·구 및 그와 연접한 시·군·구 또는 해당 농지 등으로부터 직선거리 30㎞ 이내의 지역에 거주하는 것을 말한다.
      * 직접경작: 소유농지에서 농작물의 경작 또는 다년생 식물의 재배에 상시 종사하거나 농작업의 1/2 이상을 자기의 노동력에 의하여 경작 또는 재배
   (2) 농지 등의 증여일부터 소급하여 3년 이상 계속하여 직접 영농을 하고 있을 것

2. 물려받는 자의 요건(영농자녀)
   (1) 농지 등의 증여일 현재 만 18세 이상인 직계비속일 것
   (2) 증여세 신고기한까지 증여받는 농지 등에서 직접 영농에 종사할 것

3. 물려주는 자와 물려받는 자의 공통요건
   사업소득금액(총수입금액에서 필요경비를 공제하되, 농업·임업소득, 부동산임대소득, 농가부업소득은 제외)과 총급여액(비과세소득 제외)의 합계액이 3,700만 원 이상인 과세기간은 경작한 기간 계산 시 제외한다.

◎ **증여세가 감면되는 농지 등의 규모 및 대상**

구분	면제 한도
농지	직접 경작한 농지로서 40,000m² 이내
초지	「초지법」상 초지로서 148,500m² 이내
산림지	「산지관리법」의 규정에 의한 보전산지 중 산림경영계획을 인가받거나 특수 산림산업지구로 지정받아 새로 조림한 기간이 5년 이상인 297,000m² 이내의 산림지(채종림, 산림보호구역 포함). 다만, 조림기간이 20년 이상인 경우에는 990,000m²(5년 이상인 297,000m² 이내 포함) 이내 산림지
축사 및 부수토지	축사의 건축면적을 「건축법」상 규정된 건폐율로 나눈 면적의 범위 이내

그러나 다음 지역에 소재하는 농지는 증여세를 감면받을 수 없다.
㉠ 「국토의 계획 및 이용에 관한 법률」에 의한 주거지역, 상업지역 및 공업지역
㉡ 「택지개발촉진법」에 의한 택지개발지구
㉢ 「경제자유구역의 지정 및 운영에 관한 법률」 제4조에 따라 지정된 경제자유구역
㉣ 「관광 진흥법」 제50조에 따라 지정된 관광단지
㉤ 「공공주택건설 등에 관한 특별법」 제6조에 따라 지정된 보금자리 주택지구
㉥ 「기업도시개발특별법」 제5조에 따라 지정된 기업도시개발구역
㉦ 「농어촌도로정비법」 제8조에 따라 도로사업계획이 승인된 지역
㉧ 「도시개발법」 제3조에 따라 지정된 도시개발구역
㉨ 「사회기반시설에 대한 민간투자법」 제15조에 따라 실시계획이 승인된 민간투자사업 예정지역
㉩ 「주택법」 제16조에 따라 주택건설사업계획이 승인된 지역

35 위 자료를 보고 보인 반응으로 적절하지 않은 것은?

① 농지보다 초지가 감면되는 규모가 더 크구나.

② 증여세란 증여받은 재산가액의 10~50%를 납부하는 세금을 의미하는구나.

③ 물려받는 자는 물려주는 자의 현재 만 18세 이상인 직계비속이어야 하는구나.

④ 농지 등이 소재하는 시·군·구에 살아야만 물려주는 자의 요건이 충족되는구나.

36 다음 중 증여세를 감면받을 수 있는 경우로 옳은 것은?

① 특수 산림산업지구로 지정받아 새로 조림한 기간이 5년 이상인 297,000m² 이내의 산림지

② 「기업도시개발특별법」에 따라 기업도시개발구역으로 지정된 30,000m² 이내인 농지

③ 「주택법」에 따라 주택건설사업계획이 승인된 800,000m² 이내의 초지

④ 「관광 진흥법」에 따라 관광단지로 지정된 40,000m² 이내의 농지

37 ○○사에 근무하는 B차장의 3월 셋째 주 주간 주요 일정은 다음과 같다. 교통수단별 소요시간을 참고할 때, 3월 11일과 13일에 B차장은 각각 어떤 교통수단을 이용해 출근해야 하는가?

주간 주요 일정

	10일(월)	11일(화)	12일(수)	13일(목)	14일(금)
주요 일정	주간 회의	• 업무보고 • 출장준비	출장	출장 결과보고	• 월간 회의 • 시청 방문

- 출장 전날 18시 30분에 동대구역에서 기차를 이용해 출발하고, 출장 다음 날 오전 12시 20분에 동대구역에 도착해 귀가한다.
- 출장 전날 업무보고를 마치면 17시 55분이고, 업무보고를 마치는 대로 동대구역으로 이동한다.
- 출장 다음 날은 보고서 작성을 위해 오전 6시 30분까지 출근해야 한다.

교통수단별 소요시간

회사 ↔ 동대구역				
교통수단	이동시간	승차 시간	운행시간	비고
자가용	26분	4분	해당 없음	회사는 24시 이후 주차 금지
택시	22분	5분	해당 없음	기본요금 2,800원
버스	43분	10분	06:12~23:20	
지하철	53분	8분	05:33~23:26	

집 ↔ 회사				
교통수단	이동시간	승차 시간	운행시간	비고
자가용	18분	6분	해당 없음	승용차 요일제 참여 중(목요일)
택시	20분	4분	해당 없음	
버스	33분	5분	06:12~23:20	기본요금 1,250원
지하철	25분	10분	05:33~23:26	기본요금 1,300원

- 승차 시간은 각 교통수단을 탈 때까지 걸리는 시간을 말하며, 각 교통수단에서 하차해 동대구역 또는 회사로 이동할 때에는 승차 시간의 1.5배가 걸린다고 가정한다.
- 자가용을 이용할 수 없는 경우 시간 내에 도착할 수 있는 가장 저렴한 교통수단을 이용한다.

① 11일 - 버스, 13일 - 지하철
② 11일 - 택시, 13일 - 자가용
③ 11일 - 자가용, 13일 - 지하철
④ 11일 - 자가용, 13일 - 택시

38 다음은 농협중앙회 보안업무규정의 일부이다. 이에 대한 설명으로 적절하지 않은 것은?

제1조(목적) 이 규정은 농림축산식품부 보안업무시행세칙 제2조에 의하여 농업협동조합중앙회(이하 "본회"라 한다)의 보안업무 시행에 필요한 사항을 규정함을 목적으로 한다.

제2조(적용범위) 보안업무의 운영과 관리에 관하여는 법령·정관·규약 또는 다른 규정에 특별한 규정이 있는 경우를 제외하고는 이 규정을 적용한다.

제3조(용어의 정의) 이 규정에서 사용하는 용어의 정의는 다음 각 호와 같다.
1. "비밀"이란 그 내용이 누설될 경우 국가안전보장에 해를 끼칠 우려가 있는 국가 기밀로서 "Ⅰ급 비밀", "Ⅱ급 비밀", "Ⅲ급 비밀"로 구분한다.
2. "비밀자료"란 형태에 관계없이 비밀내용이 수록된 문서, 필름, 사진, 괘도, 상황판, 파일(file), 음어자재, 정보매체 등을 말한다.
3. "복제·복사"란 비밀의 전부 또는 일부를 모필, 복사, 녹음, 타자, 인쇄, 촬영, 스캔 등의 방법에 따라 비밀을 재생산하는 것을 말한다.
4. "일반보안"이란 국가안보에 관련되는 인원·문서·시설에 대한 보안업무를 말한다.
5. "정보보안"이란 정보시스템 및 정보통신망을 통해 수집·가공·저장·검색·송수신되는 정보의 유출·위변조·훼손 등을 방지하기 위하여 관리적·물리적·기술적 수단을 강구하는 일체의 행위로서 사이버안전을 포함한다.
6. "대출"이란 비밀을 보관하고 있는 시설(비밀보관함)에서 비밀취급인가된 타인에게 대여하기 위하여 비밀을 동일 건물 내로 이동하여 열람하는 것을 말한다.
7. "반출"이란 비밀을 보관하고 있는 시설에서 시설 밖(건물 밖)이나 타 기관으로 갖고 이동하는 것을 말한다.
8. "비밀취급"이란 비밀취급인가를 받은 자가 비밀을 수집·작성·관리·분류 및 수발하는 행위를 말한다.

제4조(회장) 회장(전무이사)은 농림축산식품부장관으로부터 보안업무와 관련하여 위임받은 사항에 대해 보안계획을 수립 시행하고 본회의 보안업무를 지도·관리·감독한다.

제5조(비상계획국장) 비상계획국장은 보안담당관으로서 회장의 명을 받아 본회의 보안업무에 관한 제반 방침과 계획을 수립하고 조정·감독업무를 수행한다.

제6조(인사업무 담당부장, 정보보호업무 담당부서장) ① 인사업무 담당부장은 비밀취급인가 예정자에 대한 신원조사를 관할 경찰청장에게 요청하고, 그 결과를 요청부서에 회송한다.
② 정보보호업무 담당부서장은 정보화, 해킹, 사이버테러업무 등 정보보안분야 분임보안담당관으로서의 업무를 담당한다.

제7조(각 부·실·국의 장 및 지역본부장) 각 부·실·국의 장 및 지역본부 장은 해당 부서 및 지역본부의 전반적인 보안업무에 대한 운영 및 관리책임을 지며, 비밀 분실·누설 등의 사고가 발생하였거나 그 징후를 발견하였을 경우 회장(비상계획국장)에게 즉시 보고하고 해당 비밀의 보호조치 이행 여부를 확인하는 등 그 피해를 최소화하기 위한 조치를 하여야 한다.

제8조(지역본부 보안담당관) 각 지역본부 보안담당관은 기관장의 명을 받아 전반적인 보안에 대한 계획을 수립하고 조정·감독업무를 수행한다.

---

① "정보보안"이란 국가안보에 관련되는 인원·문서·시설에 대한 보안업무를 말한다.

② 정보화, 해킹, 사이버테러업무 등 정보보안분야 분임보안담당관으로서의 업무를 담당하는 사람은 정보보호업무 담당부서장이다.

③ "반출"이란 비밀을 보관하고 있는 시설에서 시설 밖(건물 밖)이나 타 기관으로 갖고 이동하는 것을 말한다.

④ 보안업무의 운영과 관리에 관하여는 법령·정관·규약 또는 다른 규정에 특별한 규정이 있는 경우를 제외하고는 이 규정을 적용한다.

39 다음 문장 중 어법이 바르고 자연스러운 것은?

① 이상 기후 현상의 문제점과 대안을 마련한다.
② 버스 기사가 운전 중에 휴대폰을 보거나 과속을 금지한다.
③ 그 남자의 시도는 미수에 그쳤다.
④ 오늘 오후 3시에 회의를 갖도록 합시다.

40 가죽공방을 운영하는 정우는 카드지갑과 명함지갑을 만드는 비용으로 34,000원을 썼다. 그 후 카드지갑은 원가에 50%, 명함지갑은 원가에 30%의 이익을 붙여서 정가를 정하고 판매하였다. 그러나 물건이 팔리지 않아 결국 두 제품 모두 정가의 20%를 할인해 팔았고, 결과적으로 4,400원의 이익을 얻었다. 이때 카드지갑의 원가는 얼마인가?

① 15,000원 ② 19,000원
③ 21,000원 ④ 23,000원

41 다음은 일정한 규칙으로 나열한 문자열이다. 이때, 빈칸에 들어갈 알맞은 문자는?

A   C   D   F   G   I   ( )

① J ② K
③ M ④ P

42 다음 중 공정 인사의 원칙에 대한 설명으로 옳은 것은?

① 직무, 배당, 승진, 상벌, 근무 성적의 평가, 임금 등을 공정하게 처리해야 한다.
② 해당 직무수행에 가장 적합한 인재를 배치해야 한다.
③ 직장에서 신분이 보장되고 계속해서 근무할 수 있다는 믿음을 갖게 하여 근로자가 안정된 회사 생활을 할 수 있도록 해야 한다.
④ 근로자의 인권을 존중하고 공헌도에 따라 노동의 대가를 공정하게 지급해야 한다.

43 다음은 어느 부서에서 작성한 품의서이다. 이에 대해 잘못 말하고 있는 사람은 누구인가?

품의서

문서번호 총무20230918 – F

기안일자	2023.09.18.	구분		팀장	부장	상무	대표이사
기안자	송○○	기안( ) 품의( ) 보고( ) 발송(○)	결재				
제목			사무용 PC 구입의 건				

사무용 PC 구입의 건에 대해 아래의 사유로 구입을 품의하오니 결재하여 주시기 바랍니다.

— 아래 —

1. 구입품명 : △△전자 PC 1대
2. 구입처 : △△전자 온라인 몰
3. 구입금액 : 1,300,000(금백삼십만 원정)
4. 구입사유
   1) 신입사원 채용으로 인해 신규 PC 구매
   2) △△전자 창사 30주년 기념으로 30% 할인된 금액으로 구입할 수 있어 구입 업체로 선정(기존 구매 비용보다 20% 저렴하게 구매 가능)

— 끝 —

※ 별첨 : 기존 구입처와 △△전자 PC 견적서

① 김 사원 : "구분의 표시가 잘못됐으니 수정해야겠네."
② 박 사원 : "구입금액에는 할인받기 전의 가격을 표시해야겠네."
③ 주 사원 : "별첨 자료를 보기 전에 품의서 내용에서 기존 구입처와 △△전자 PC의 사양에 대한 언급도 있었으면 더 좋았을 것 같네."
④ 곽 사원 : "기존 구입처와 △△전자 PC를 비교해서 더 저렴한 △△전자로 선택했네."

[44~45] 2023년 연간 근로소득 1억 원이던 최 본부장은 연말 인사평가에서 부사장으로 승진하여 2024년부터는 연간 3억 원의 근로소득을 얻게 되었다. 다음의 〈표 1〉과 〈표 2〉를 보고 이어지는 물음에 답하시오.

〈표 1〉 근로소득 공제율

구분	공제율
	2023~2024년
500만 원 이하	총급여액×70%
500만 원 초과 1,500만 원 이하	350만 원 + [(총급여액 − 500만 원)×40%]
1,500만 원 초과 4,500만 원 이하	750만 원 + [(총급여액 − 1,500만 원)×15%]
4,500만 원 초과 1억 원 이하	1,200만 원 + [(총급여액 − 4,500만 원)×5%]
1억 원 초과	1,475만 원 + [(총급여액 − 1억 원)×2%]

〈표 2〉 종합소득세 세율 및 누진공제액

구분	2023년		2024년 이후	
	세율(%)	누진공제액	세율(%)	누진공제액
1,200만 원 이하	6	−	6	−
1,200만 원 초과 4,600만 원 이하	15	108만 원	15	108만 원
4,600만 원 초과 8,800만 원 이하	24	522만 원	24	522만 원
8,800만 원 초과 1억 5,000만 원 이하	35	1,490만 원	35	1,490만 원
1억 5,000만 원 초과 3억 원 이하	38	1,940만 원	38	1,940만 원
3억 원 초과 5억 원 이하			40	2,540만 원
5억 원 초과	40	2,940만 원	42	3,540만 원

44 〈표 1〉에 의하면 2023년과 2024년 최 부사장의 근로소득 공제액 차이는 얼마인가?

① 325만 원 ② 350만 원
③ 375만 원 ④ 400만 원

45 〈표 2〉와 다음 〈보기〉를 참고하여 2023년과 2024년 최 부사장의 종합소득세 차이를 구하면?

┌ 보기 ┐
• 종합소득세 = (과세표준×세율) − 누진공제액
• 과세표준 = (근로소득 − 근로소득공제액) − 종합소득공제액
  ※ 최 부사장의 종합소득 공제액: 2023년 1,325만 원, 2024년 3,125만 원

① 5,600만 원 ② 6,050만 원
③ 6,530만 원 ④ 6,870만 원

46 다음은 A대학의 학생회비와 관련된 안내문과 이를 읽고 A대학 학생들이 나눈 대화이다. 이때 주어진 〈보기〉의 내용 중 빈칸에 들어갈 수 있는 것은?

학생회비 안내

가. 학생회비 부과 기준

재학생들은 학생복지에 사용되는 학생회비를 납부해야 하며, 학생회비는 다음과 같은 기준에 따라 부과된다.

> 학생회비 = 등록금 총액 × 학년별 부과 비율(%)

나. 학과별 등록금 총액

구분	국어국문학과	사학과	물리학과	건축학과	실용음악과
등록금	380만 원	390만 원	420만 원	500만 원	350만 원

※ 매해 등록금 동결

다. 학년별 부과 비율

학년	비율
1	20%
2	18%
3	15%
4	12%

라. 기타

⑴ 4년 내 졸업하지 못하여 등록금의 절반만 내고 계속 재학해야 하는 학생은 4학년 부과 비율을 동일하게 적용하여 학생회비를 납부해야 한다.

⑵ 휴학신청자(군 휴학, 출산 휴학)는 복학할 때의 학년 부과 비율로 학생회비를 납부해야 한다.

⑶ 졸업유예자는 등록금의 20%를 납부하는 대신 학생회비는 면제된다.

갑: 학생회비가 좀 비싼 것 같아.

을: 그래도 학생회비 100%를 학생들 복지를 위해 사용한대. 권리를 주장하기 위해선 의무도 수행해야지.

갑: 그렇긴 하지. 그래도 (   )가 학생회비에 대해 너무 부담스러워하는 것 같아. 우리 중에서 가장 많은 돈을 내야 하잖아.

을: 맞아, 학교로부터 지원받을 수 있는 방안이 있는지 확인해 봐야지.

┌ 보기 ┐

Q: 실용음악과에 올해 입학한 신입생

L: 물리학과 2학년 재학생

K: 2학년 2학기를 마치고 휴학했던 건축학과 복학생

P: 졸업유예를 신청한 물리학과 4학년 재학생

① Q 　　　　　　② L

③ K 　　　　　　④ P

47 다음은 수도권 총전입과 총전출 추이에 대한 자료이다. 이에 대한 설명으로 옳지 않은 것은?

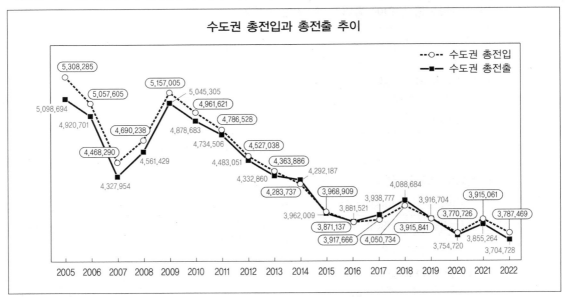

① 2014년에 처음으로 수도권 전입인구보다 전출인구가 많아졌다.
② 2014년 이후로 계속해서 전입인구보다 전출인구가 많다.
③ 2017년에는 수도권의 인구 21,111명이 순유출되었다.
④ 2022년 수도권 총전입 인구는 10년 전에 비해 15% 이상 줄었다.

48 ○○사는 '업무 실적 평가가 부당하게 이뤄졌다'고 직원들 사이에서 불만이 쏟아지고 있고, J는 인사팀장으로서 직원들의 불만에 귀 기울여야 하는 상황이다. 이때 다음과 같은 직원들의 불만 중에서 가장 시급한 조치가 필요한 직원은 누구인가?

① 사원 A는 팀장으로부터 특별히 자신에게 있어 탁월한 업무 능력을 발휘한다는 평가를 받았지만, 조직 전체의 사기를 위한 일괄적인 상여금 지급에 대해 불만을 갖고 있다.
② 사원 B는 호봉에 따른 임금 인상폭이 좁아지고 임금에서의 성과급 비중을 높인 것에 불만을 갖고 있다.
③ 사원 C는 자신의 팀 내 입사 동기인 갑이 사내 임원 을의 아들이라는 이유만으로 업무 실적 평가가 최상위권에 속하는 사실에 대해 불만을 갖고 있다.
④ 사원 D는 작년 회사의 영업이익이 감소했음에도 불구하고, 일부 직원들의 임금이 상승된 것에 대해 불만을 갖고 있다.

49 동전 50원, 100원, 500원짜리를 이용하여 1,450원을 만들고자 한다. 50원, 100원, 500원짜리의 동전이 총 14개가 사용되었다고 할 때, 50원짜리의 동전의 개수를 구하면?

① 5개   ② 6개

③ 7개   ④ 8개

50 정현은 1시간에 리본을 10개 만들 수 있고, 유진은 1시간에 리본을 15개 만들 수 있다고 한다. 정현이 1시간 먼저 리본을 만들기 시작해 정현과 유진이 함께 리본을 만들었더니, 총 110개를 만들었다고 한다. 이때 110개를 만드는 데 걸린 시간은 얼마인가?

① 4시간   ② 4시간 24분

③ 5시간   ④ 5시간 24분

51 다음 제시문의 설명에 해당하는 것은?

> • 농민존중, 농업성장, 농촌재생, 농협혁신의 네 가지 농업가치에서 기반하였다.
> • 뉴노멀 시대에 부합한 새로운 소통방식의 농협운동이다.
> • 60년 농협·농촌운동의 전통과 정신을 계승한 운동이다.
> • 농협 변화·혁신의 대전환을 위한 성장동력을 내재화하고 있다.

① 농사같이(農四價値) 운동   ② 고향 더하기+ 운동

③ 아침밥 먹기 운동   ④ 쌀 소비 촉진 운동

52 취약계층에 농식품 구입비를 지원해 국산 농식품을 농협 하나로마트, 농협몰, 로컬 푸드직매장 등에서 구매할 수 있도록 하는 제도는 무엇인가?

① 농협식품카드
② 농식품바우처
③ GAP
④ 녹색프리미엄

53 다음은 갑이 가지고 있는 NH은행의 카드 혜택이다. 갑의 카드 사용 내역을 살펴봤을 때, 8월 한 달 갑의 적립 포인트는 얼마인가?

> **심플 이즈 베스트, NH 데일리 카드 출시!**
> "이 가게 적립되던가? 무슨 카드가 포인트를 많이 받았지?"
> "카드 혜택을 더 받으려면 집에서 먼 지점을 가야 하나?"
> 카드 포인트 적립 혜택에 관한 고민 끝!
> NH카드가 심플하지만 강력한 포인트 적립 혜택을 제공합니다.
> 온/오프라인 마트, 편의점, 백화점, 아울렛, 소매점 등 모든 가맹점에서
> NH 데일리 카드의 혜택을 만나보세요~
>
> • 2만 원 이상 : 전가맹점, 온라인 10% 적립
> • 10만 원 이상 : 전가맹점 10%, 온라인 7% 적립

갑의 카드 사용 내역

이용일자	이용가맹점	이용금액(원)
24.07.25.	마트	45,000
24.08.02.	편의점	22,000
24.08.08.	음식점	15,000
24.08.10.	온라인 마트	70,000
24.08.11.	백화점	165,000
24.08.16.	커피 전문점	7,000
24.08.22.	음식점	53,000
24.08.26.	온라인 쇼핑몰	120,000
24.09.02.	놀이공원	55,000

① 35,600원
② 39,400원
③ 42,500원
④ 47,200원

54 20%의 설탕물에 설탕 50g을 더 넣어 30%의 설탕물을 만들었다. 이때 처음 20%의 설탕물의 양은?

① 250g
② 300g
③ 350g
④ 400g

55 다음 중 안전자산에 대한 설명으로 옳은 것은?

① 주식, 가상화폐 등이 여기에 속한다.
② 안전자산 중에는 수수료가 낮고 소득세가 없는 것도 있다.
③ 채무불이행의 위험이 있다.
④ 확정된 수익률이 보장되지 않은 투자 자산이다.

56 다음 중 'AGRI With You 캠페인'에 대한 설명으로 옳은 것은?

① 올바른 식생활과 농업·농촌의 가치인식 및 안전한 먹거리를 통한 우리농산물 애용
② 기업의 기술로 마을의 자원 개발을 독려
③ 새농촌 건설을 위한 종합계획 수립 및 생산기반 조성을 위한 토지정비
④ 농가소득 안전망, 자재가격 안정, 농민수당 등 농민존중 활동 전개

57 다음 중 공식조직과 비공식조직에 대한 설명으로 옳지 않은 것은?

① 비공식조직의 규모가 커지면서 구성원들의 행동을 통제할 장치를 마련하는 등 공식화가 진행되면 공식조직으로 발전하기도 한다.
② 인간관계에 따라 형성된 자발적인 조직을 공식조직이라고 한다.
③ 공식조직 내에서 인간관계를 지향하는 비공식조직이 생기기도 한다.
④ 공식조직은 조직의 규모, 기능, 규정 등이 조직화된 집단이다.

58 다음은 A스키장의 요일 및 시간대별 이용요금에 대한 자료이다. 이에 대한 설명으로 옳은 것은?

A스키장의 요일 및 시간대별 이용요금

(단위: 천 원)

구분	1인당 입장료				1인당 장비 대여료
	월~목요일	금요일	토, 일요일	공휴일	
06:00~11:59	60	70	75	75	
12:00~15:59	80	90	95	100	
16:00~19:59	95	105	110	115	35
20:00~23:59	70	80	85	85	
24:00~05:59	55	65	65	65	

※ 장비를 대여해야만 스키장 입장이 가능하다.

① 오전 2시에 입장을 하면 요일에 관계없이 같은 가격에 스키장을 이용할 수 있다.
② A스키장을 이용하려면 최소 10만 원이 든다.
③ 금요일 오전 6시에 혼자 스키장에 입장하면 공휴일 오후 1시에 혼자 입장하는 것보다 3만 원 절약할 수 있다.
④ 혼자 토, 일요일 오후 1시에 입장하는 경우와 혼자 월~목요일 오후 4시에 입장하는 경우 모두 9만 5천 원의 이용요금이 든다.

59 다음 농협의 심볼마크의 뜻으로 옳지 않은 것은?

① 농업의 근원인 씨앗을 모티브로 하며 '풍요'와 '결실'을 상징한다.
② 'V' 꼴을 제외한 아랫부분은 '업'자의 'ㅇ'을 변형한 것으로 원만과 돈을 의미하며 협동 단결을 상징한다.
③ 마크 전체는 '협'자의 'ㅎ'을 변형한 것으로 'ㄴ+ㅎ'은 농협을 나타내고 항아리에 쌀이 가득 담겨 있는 형상을 표시하여 농가 경제의 융성한 발전을 상징한다.
④ 'V' 꼴은 '농'자의 'ㄴ'을 변형한 것으로 싹과 벼를 의미하며 농협의 무한한 발전을 상징한다.

60 게임회사인 N사는 지난 해 사상 최악의 적자를 기록했다. N사는 적자의 원인 중 하나로 의사소통의 경직을 꼽으며, 올해부터 기획회의에서 브레인스토밍을 실시하기로 결정하였다. 2024년도 신작 게임 기획회의에서 참가자들의 의견 중 브레인스토밍 방식에 적합하지 않은 것은?

> 박 팀장: RPG게임에 대한 인기가 나날이 올라가고 있으니 2024년에는 이 분야에 집중해야 할 것 같아요.
> 정 팀장: 게임에서 이벤트를 자주 하고, 사은품도 팍팍 줘야 인기가 있을 것 같아요.
> 최 팀장: 정 팀장님 의견은 너무 1차원적인 것 같아요. 가장 중요한 것은 게임의 질이죠.
> 김 팀장: 유료 아이템과 무료 아이템을 적절하게 배분하는 것이 중요하다고 생각해요.

① 박 팀장   ② 정 팀장
③ 최 팀장   ④ 김 팀장

지역농협
6급

직무능력평가

박문각

지역농협
6급

직무능력평가
봉투모의고사

/

2회

01 다음 밑줄 친 부분과 같은 의미로 쓰인 것은?

> 이번 아이디어는 수익성을 <u>높이는</u> 데 도움이 될 것이다.

① 이번 대회에서 우승할 수 있도록 우리 팀의 사기를 <u>높여야</u> 할 것이다.
② 상품의 질은 그대로인데 가격만 <u>높이는</u> 것은 소비자들을 우롱하는 것이다.
③ 서희는 작품에 대한 안목을 <u>높이기</u> 위해 매주 미술관에 간다.
④ 그는 자신의 주장을 알리기 위해 목소리를 <u>높여</u> 말했다.

02 다음 상황에 어울리는 사자성어로 가장 적절한 것은?

> 장년층으로부터 큰 인기를 얻어 승승장구하던 가수 A는 작년 초 음주운전 사고를 내 큰 사회적 물의를 일으켰다. 그는 음주운전을 한 뒤 매니저가 운전을 한 것이라며 운전자 바꿔치기를 시도하다가 발각되기까지 했다. 이후 자숙은커녕 콘서트를 강행한 그의 뻔뻔스러운 태도는 많은 이들의 비난을 샀다.

① 후안무치(厚顔無恥) 　　② 각주구검(刻舟求劍)
③ 고식지계(姑息之計) 　　④ 새옹지마(塞翁之馬)

03 다음 문장의 밑줄 친 사자성어와 그 의미가 같은 것은?

> 아버지가 앓아누우신 지 한 달이 넘어가던 그때, <u>설상가상(雪上加霜)</u>으로 동생이 교통사고로 입원하게 됐다.

① 금상첨화(錦上添花) 　　② 만시지탄(晩時之歎)
③ 백중지세(伯仲之勢) 　　④ 전호후랑(前虎後狼)

04 제시된 어휘들과 공통적으로 관련되는 단어를 고르면?

| 아퀴짓다   매기단하다   마무르다 |

① 싸우다   ② 빌리다
③ 묶다   ④ 마무리하다

05 다음 빈칸에 들어갈 한자로 가장 알맞은 것은?

| 가수는 곡과 어울리는 알맞은 목소리를 (   )해 내는 것이 중요하다. |

① 描寫   ② 技巧
③ 口演   ④ 具現

06 다음 밑줄 친 단어의 뜻과 가장 유사한 의미를 가진 한자는?

| 아이가 넘어져 무릎에 상처를 입었다. |

① 龜裂   ② 傷害
③ 痕跡   ④ 瘡痏

07 다음 문장의 밑줄 친 부분이 맞춤법에 맞지 않는 것은?
① 안건을 회의에 부치고 투표를 진행했다.
② 오늘 회의 내용은 극비에 붙입니다.
③ 수영에 취미를 붙이고 아침마다 체육관에 나가기 시작했다.
④ 이 일을 하기에 이제는 힘에 부칩니다.

08 다음 빈칸에 들어갈 한자로 적절한 것은?

> 학교폭력 피해 학생 수가 늘어남에 따라 학교는 폭력 예방 대책을 (   ) 중이다.

① 管句
② 妥協
③ 光球
④ 講究

09 다음 어휘 간 관계로 보아, 빈칸에 들어가기에 적절한 단어를 고르면?

> 작금 : 요즈음 ＝ 방관 : (   )

① 관조
② 목도
③ 좌시
④ 참관

10 다음 중 밑줄 친 부분과 같은 의미로 사용된 것은?

> 김 감독은 우리 팀을 우승으로 <u>이끌었다</u>.

① 그는 집으로 들어오기를 꺼리는 송 선생을 붙잡고 집안으로 <u>이끌었다</u>.
② 저 배우는 화려한 외모로 사람들의 시선을 <u>이끌었다</u>.
③ 가족들을 <u>이끌고</u> 중국 여행에 나섰다.
④ 우리 집안은 형이나 내가 아닌 막내가 <u>이끈다</u>고 봐도 무방하다.

11 다음 중 맞춤법이 틀린 문장은 모두 몇 개인가?

> • 백화점에 들러서 선물을 사려고 해.
> • 배낭 하나만 매고 여행을 떠났다.
> • 만두 빚는 솜씨가 아주 좋더라.
> • 영희는 어머니가 직접 뜨신 이 스웨터를 각별이 아꼈다.
> • 새로운 친구를 만날 생각에 설렌다.

① 1개
② 2개
③ 3개
④ 4개

12 다음 중 표준 발음으로 옳지 않은 것은?

① 맛있다[마시따]   ② 읊다[읍따]
③ 헛웃음[허두슴]   ④ 밟다[밥따]

13 다음 상황에 어울리는 사자성어로 가장 적절한 것은?

> 어젯밤 열한 시경, 서울의 한 식당에서 식사를 마친 김 모씨는 주인에게 계산을 하며, 음식값이 자신이
> 먹은 것보다 많이 나왔다며 항의를 하기 시작합니다. 영수증을 보여주며 결제 금액에 대해 설명하려던
> 주인을 밀치고 의자 등 집기를 던지면서 난동을 피우던 김 씨는, 출동한 경찰관에게 현장에서 체포되었
> 습니다. 부동산업을 하고 있는 김 씨는, "먹은 음식이 무엇인지 기억나지 않고 이를 틈타 주인이 바가지
> 를 씌운 것 같아 나도 모르게 화가 나 그랬다."고 진술했습니다.

① 소탐대실(小貪大失)   ② 식자우환(識字憂患)
③ 파란만장(波瀾萬丈)   ④ 견강부회(牽強附會)

14 다음 중 밑줄 친 부분과 같은 의미로 사용된 것은?

> 그는 통찰력 있고 특히 사람 보는 눈이 정확하다.

① 세상을 좀 더 긍정적인 눈으로 바라봐야 한다.
② 동생이 부러운 눈으로 나를 바라보았다.
③ 눈이 온 다음 날은 따스하다.
④ 아기의 눈은 초롱초롱 빛나고 있었다.

15 다음 밑줄 친 부분과 바꾸어 쓸 수 있는 단어를 고르면?

> 안전에 대한 의식을 강화할 필요가 있었다.

① 인식   ② 자각
③ 관심   ④ 생각

16 다음 글의 빈칸 ㉠, ㉡에 들어가기에 적절한 것끼리 짝지어진 것은?

다문화주의는 다양성의 균형과 조화를 위해 사회가 모든 문화를 동등하게 포용하는 것을 말한다. 사회에 다양성이 없으면 그 사회는 경쟁력을 가질 수 없고, 소외되거나 억압되는 집단이 있다면 사회의 진정한 통합을 기대할 수 없다는 발상에서 이러한 이념을 추구한다. (㉠) 다양한 언어와 문화 전통을 모두 인정하고 이를 동등하게 교육한다. 나아가 소수나 비주류집단이 사회 속에서 동등한 지위를 가질 수 있도록 각종 우대 정책을 시행한다. 이 경우 서로의 다름을 인정하고 존중하며 소수자가 자신들의 정체성을 유지하면서 사회의 일원으로 당당하게 참여하게 된다. 이러한 사회는 사회 구성원들이 다양성의 공존 속에서 성장해 갈 수 있게 한다. (㉡) 각 집단이 자신들의 정체성을 지나치게 강조하다 보면 집단 간의 소모적인 경쟁이 유발될 수 있다. 오늘날 민족별로 다른 직업군을 형성하고 계층화되는 현상이 강하게 나타나고 있는데, 이는 민족 간 갈등의 잠재적 불씨이다. 민족 간 경제적 불평등의 확대, 중국의 부상에 따른 수적 다수자인 중국계 내의 문화민족주의 강화 등은 내부 갈등을 유발하는 계기가 될 수도 있다.

	㉠	㉡
①	따라서	그러나
②	그러나	또한
③	그러나	따라서
④	따라서	또한

17 다음 문장을 순서대로 적절하게 배열한 것은?

㉠ 당시 사회는 중국의 사대주의가 근간이었다. 대부분의 가치가 중국적인 것들을 바탕으로 추구되었으며, 이것들의 왜곡된 형태가 우상이 되어 군림하고 있었다. 이러한 현상이 극에 치달았을 때 바야흐로 사대주의 또는 굴종주의로 이어지고, 주체성을 상실하는 결과를 초래하게 되는 것이다.

㉡ 그렇다면 사대주의란 무엇이고 배타주의란 무엇인가. 이러한 사상들이 편견과 오류를 지니고 있다는 지적은 무엇을 근거로 하고 있는가. 사대주의는 조선왕조 시대의 실례에서 찾아볼 수 있겠다.

㉢ 한편 우리는 극단적인 배타주의의 사례를 나치의 유태인 학살 사건에서 살펴볼 수 있다. 편협한 민족적 우월감과 극도의 배타주의가 극에 달해 결국 민족의 파멸까지 불러온 것이다. 이와 같이 자부심이나 긍지를 넘어선 우월감, 즉 폐쇄적 배타주의는 주체와 대상을 모두 불행하게 만들 수밖에 없다.

㉣ 인간은 편견과 오류에 빠지지 않아야만 창조적 발전을 도모할 수 있다. 그러나 종종 인간이 독단에 빠져 특정 주의나 사상만을 맹신하는 경우가 있다. 사대주의와 배타주의가 바로 대표적인 예이다.

① ㉣ - ㉡ - ㉠ - ㉢
② ㉣ - ㉡ - ㉢ - ㉠
③ ㉠ - ㉡ - ㉣ - ㉢
④ ㉠ - ㉣ - ㉢ - ㉡

18 다음 글의 내용과 일치하는 것은?

어느 때보다 엔지니어들이 많이 존재함에도 불구하고 오늘날 엔지니어들은 이전 시대보다 대중들에게 덜 드러나 있다. 기술적 진보는 당연한 것으로 인정되고, 기술적 실패는 기업의 탓으로 돌려진다. 대중의 시선은 엔지니어들이 아니라 오히려 기업의 대표자나 최고 경영자에게 향한다. 엔지니어들의 이러한 비가시성은 그들로 하여금 대중에 대한 책임감이나 대중과의 교감을 희미하게 만든다.

또한 엔지니어들이 소속된 집단은 거대화되고 조직화되어 있고, 엔지니어는 조직의 봉사자로서 조직의 지휘에 복종해야 하는 경우가 대부분이다. 엔지니어의 95% 이상이 자영이 아니라 여러 형태와 규모를 지닌 대학이나 연구소, 기업 또는 여타 조직에 고용되어 있다. 이들 엔지니어는 대부분의 경우 상사의 지시를 받는다. 문제는, 엔지니어가 보기에 상사의 지시가 공공의 안전과 복지에 해를 주는 비윤리적인 것일 때 발생한다. 이러한 상황에서 정상적인 대화로 문제가 해결되지 못할 때, 엔지니어는 어려운 상황에 빠진다. 상사의 지시를 따를 것인가, 아니면 원칙에 충실할 것인가? 엔지니어가 따르는 기술적 원칙들은 전문 영역에 속하기 때문에 상사가 이해하기 힘든 경우가 많다. 한편 엔지니어가 저지르는 기술적 오류는 막대한 사회적 피해를 가져올 수 있다. 이 때문에 엔지니어의 딜레마는 다른 전문직의 경우보다 더욱 심각하다.

의료, 법률 등의 거의 모든 전문직에는, 윤리적 주제와 연관된 교육 프로그램이 있어서 적절한 윤리적 판단을 내릴 수 있도록 도와준다. 그러나 공학 분야에서는 그러한 윤리적 주제에 관한 교육과 연구를 매우 등한시해왔다. 가장 큰 이유는, 기술은 가치중립적이고 엔지니어는 기술을 생산하고 운용만 한다고 생각하기 때문이다. 가치와 관련된 판단은 엔지니어들의 영역 바깥에서 이루어져 왔다. 게다가 엔지니어들은 그러한 문제에 대한 훈련이 되어 있지 않아 윤리의 영역에 개입하기를 회피하는 까닭에 사회에서도 그들의 윤리적 판단 능력을 무시하는 경향이 있다. 그리하여 기술과 관련된 중요한 문제들이 이를 전혀 알지 못하는 정치가나 사업가들에 의해 잘못 판단되는 경우가 허다하다. 피고용인으로서 엔지니어는 전문 지식을 가졌지만 그들의 지식은 철저히 도구적인 것으로 평가된다. 그들의 중대한 사회적 역할에도 불구하고, 엔지니어들은 중요한 의사결정에서 소외되어 자신의 책임을 다하지 못한다.

① 과학기술의 발달과 대중화로 인해 엔지니어들의 기술적 역할에 대해서는 대중에게 잘 알려져 있다.
② 엔지니어들은 거대한 기업이나 연구소의 구성원으로서 상사의 지시를 받기 때문에 윤리적 문제에 부딪칠 일이 없다.
③ 오늘날 기술로 인한 문제가 종종 발생하는 이유는, 거의 모든 전문직에 윤리적 주제와 관련된 교육 프로그램이 부재하기 때문이다.
④ 일반적으로 사람들은, 엔지니어는 상사의 지시에 따라서 기술적 영역만 잘 담당하면 되고 나머지는 다른 영역에 종사하는 사람의 몫이라고 생각한다.

19 다음 글을 읽고 〈상황〉의 내용을 이해한 것으로 옳은 것은?

우리 삶에서 운이 작용해서 결과가 달라지는 일은 흔하다. 그러나 외적으로 드러나는 행위에 초점을 맞추는 '의무윤리'든 행위의 기반이 되는 성품에 초점을 맞추는 '덕의윤리'든, 도덕의 문제를 다루는 철학자들은 도덕적 평가가 운에 따라 달라져서는 안 된다고 생각한다. 이들의 생각처럼 도덕적 평가는 스스로가 통제할 수 있는 것에 대해서만 이루어져야 한다. 운은 자신의 의지에 따라 통제할 수 없어서, 운에 따라 누구는 도덕적이게 되고 누구는 아니게 되는 일은 공평하지 않기 때문이다. 그런데 어떤 철학자들은 운에 따라 도덕적 평가가 달라지는 일이 실제로 일어난다고 주장하고, 그런 운을 '도덕적 운'이라고 부른다. 그들에 따르면 세 가지 종류의 도덕적 운이 거론된다. 첫째는 '태생적 운'이다. 우리의 행위는 성품에 의해 결정되며 이런 성품은 태어날 때 이미 결정되므로, 성품처럼 우리가 통제할 수 없는 요인이 도덕적 평가에 개입되는 불공평한 일이 일어난다는 것이다. 둘째는 '상황적 운'이다. 똑같은 성품이더라도 어떤 상황에 처하느냐에 따라 그 성품이 발현되기도 하고 안 되기도 한다는 것이다. 가령 남의 것을 탐내는 성품을 똑같이 가졌는데 결핍된 상황에 처한 사람은 그 성품이 발현되는 반면에 풍족한 상황에 처한 사람은 그렇지 않다면, 전자만 비난하는 것은 공평하지 못하다는 것이다. 어떤 상황에 처하느냐는 통제할 수 없는 요인이기 때문이다. 셋째는 우리가 통제할 수 없는 결과에 의해 도덕적 평가가 좌우되는 '결과적 운'이다. 어떤 화가가 자신의 예술적 이상을 달성하기 위해 가족을 버리고 멀리 떠났다고 해보자. 이 경우 그가 화가로서 성공했을 때보다 실패했을 때 그의 무책임함을 더 비난하는 것을 '상식'으로 받아들이는 경우가 많다. 그러나 '도덕적 운'을 인정하는 사람들은 가족을 버릴 당시에는 예측할 수 없었던 결과에 의해 그의 행위를 달리 평가하는 것 역시 불공평하다고 생각한다.

┌─ 상황 ┌
평소 팀플레이에 충실하지 않고, 독단적인 경기 운영 방식을 고집하는 축구선수 甲과 乙이 있다. 甲은 상대 팀 수비수의 실수를 틈타 득점을 기록했지만, 乙은 그런 기회가 오지 않아서 득점에 실패했다. 두 사람의 독단적인 행위와 동기는 같은 데도, 사람들은 甲보다 乙을 도덕적으로 더 비난한다.

① '도덕적 운'의 존재를 인정하지 않는 사람은 甲이 乙에 비해 독단적 경기 운영 방식이 드러나지 않았을 뿐이라고 본다.
② '태생적 운'의 존재를 인정하는 사람은 甲보다 乙이 독단적 성향을 더욱 타고났으므로 더 비난받아야 한다고 주장한다.
③ '상황적 운'의 존재를 인정하지 않는 사람은 甲이 乙의 상황이라면 독단적인 성향이 발현되지 않았을 것이기 때문에 똑같이 비난받아서는 안 된다고 본다.
④ '결과적 운'의 존재를 인정하는 사람은 甲보다 乙이 더 무모한 공격을 했기 때문에 더 비난받아야 한다고 본다.

20 다음과 같이 반지름은 5cm이고, 높이는 8cm인 원기둥이 있다. 이 원기둥의 부피는 얼마인가?

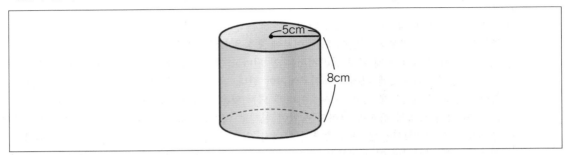

① $40\pi\,\text{cm}^3$ ② $80\pi\,\text{cm}^3$

③ $200\pi\,\text{cm}^3$ ④ $400\pi\,\text{cm}^3$

21 어떤 정사각형은 1초에 가로가 2cm씩 늘어나고 세로가 1cm씩 줄어든다. 5초 후 처음 정사각형 넓이보다 10cm^2만큼 커졌다고 가정할 때, 처음 정사각형의 넓이는 얼마인가?

① 100cm^2 ② 121cm^2

③ 144cm^2 ④ 169cm^2

22 $\sqrt{4\sqrt{8\sqrt{16}}} = 2^a$에서 a의 값은 얼마인가?

① $\dfrac{5}{3}$ ② 3

③ $\dfrac{9}{4}$ ④ 2

23 갑은 800만 원짜리 정기예금에 가입했다. 1년당 5%의 이자율을 적용하여 복리계산을 하였을 때, 2년 후에 받는 금액은 얼마인가?

① 880만 원   ② 881만 원

③ 882만 원   ④ 883만 원

24 15% 농도의 소금물 200g, 20% 농도의 소금물 300g, 32% 농도의 소금물 500g를 섞어 만든 소금물의 농도를 구하면?

① 22%   ② 25%

③ 26%   ④ 28%

25 라이벌 관계인 두 양궁선수 a, b가 있는데, 두 선수의 10점 명중률은 각각 $\frac{5}{7}$, $\frac{7}{9}$ 이라고 한다. 두 선수가 동시에 화살을 쐈을 때, 두 선수 중 한 선수만 10점 과녁을 쏠 확률은?

① $\frac{13}{21}$ ② $\frac{14}{63}$

③ $\frac{8}{21}$ ④ $\frac{35}{63}$

26 김 대리는 1년마다 복리로 매년 초에 100만 원씩 10년간 적립하는 적금상품에 가입하고자 한다. 이때 연이율이 5%라면 10년 후 연말의 원리금합계는 얼마가 되는가? (단, $1.05^{10} = 1.6$ 이다.)

① 1,050만 원   ② 1,180만 원

③ 1,260만 원   ④ 1,280만 원

27 배를 타고 강을 거슬러 오르는 데 50분이 걸리고 다시 내려오는 데 30분이 걸린다고 할 때, 강의 유속은 얼마인가? (단, 배의 속력은 2km/h이다.)

① 0.2km/h   ② 0.3km/h

③ 0.5km/h   ④ 1km/h

28 다음은 일정한 규칙으로 나열한 수열이다. 이때 빈칸에 들어갈 수로 옳은 것은?

$$\frac{2}{3} \quad \frac{1}{3} \quad -\frac{1}{3} \quad -\frac{5}{3} \quad -\frac{13}{3} \quad -\frac{29}{3} \quad (\quad)$$

① $-\dfrac{37}{3}$　　　　　　② $-\dfrac{42}{3}$

③ $-\dfrac{58}{3}$　　　　　　④ $-\dfrac{61}{3}$

29 다음은 일정한 규칙으로 나열한 수열이다. 이때 빈칸에 들어갈 숫자로 옳은 것은?

$$7 \quad 22 \quad 68 \quad 207 \quad 625 \quad (\quad)$$

① 1877　　　　　　② 1878

③ 1879　　　　　　④ 1880

30 다음은 일정한 규칙으로 나열한 수열이다. 이때 빈칸에 들어갈 숫자로 옳은 것은?

$$0.5 \quad 3 \quad 8 \quad 18 \quad 38 \quad (\quad)$$

① 78　　　　　　② 80

③ 82　　　　　　④ 84

31 다음 문자배열의 규칙을 찾고 빈칸에 들어갈 알맞은 문자를 구하면?

$$J \quad M \quad P \quad S \quad V \quad (\quad)$$

① A　　　　　　② Q

③ Y　　　　　　④ Z

32 다음은 2025년 농협 신고 센터의 분야별 신고 현황과 처리결과에 관한 자료이다. 이에 대한 〈보기〉의 설명 중 옳은 것만을 모두 고르면?

농협 신고 센터의 분야별 신고상담 및 신고접수 현황

(단위 : 건)

구분 \ 분야	하나로 유통	남해 화학	NH 무역	농협 케미컬	농협 양곡	농협 홍삼	기타	합
신고상담	605	81	5	6	11	12	1,838	2,558
신고접수	239	61	7	6	5	2	409	729

농협 신고 센터에 접수된 건의 분야별 처리결과

(단위 : 건)

처리결과 \ 분야	하나로 유통	남해 화학	NH 무역	농협 케미컬	농협 양곡	농협 홍삼	기타	합
이첩	58	18	2	3	0	1	123	205
송부	64	16	3	1	4	0	79	167
내부처리	117	27	2	2	1	1	207	357
전체	239	61	7	6	5	2	409	729

┌ 보기 ┐
ㄱ 전체 신고상담건수는 전체 신고접수건수의 3배 이상이다.
ㄴ 전체 신고접수건수 대비 분야별 신고접수건수의 비율이 가장 높은 분야는 기타를 제외하면 하나로유통이다.
ㄷ 전체 처리결과건수에서 '이첩' 건수가 차지하는 비중이 가장 큰 분야는 NH 무역이다.
ㄹ '내부처리' 건수는 전체 신고상담건수의 15% 이상이다.

① ㄱ, ㄴ 　　　　② ㄱ, ㄷ
③ ㄴ, ㄷ 　　　　④ ㄴ, ㄹ

33 다음은 농가 경영주 연령대별 비중 추이를 나타낸 그래프이다. 이에 대한 설명으로 적절하지 않은 것은?

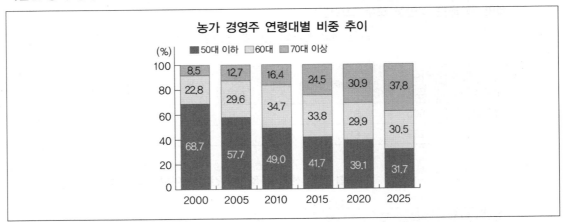

① 2025년 60대 이상 농가 경영주의 비중은 10년 전에 비해 10%p 늘어났다.

② 2025년 70대 이상의 농가 경영주의 비중은 2000년에 비해 4배 이상 늘어났다.

③ 2025년 40대 미만과 40대 농가 경영주의 비중이 각각 1.3%, 7.7%라면 50대 경영주의 비중은 22.7%이다.

④ 50대 이하 경영주의 비중은 해마다 줄어들고 있고, 60대 경영주의 비중은 해마다 늘어나고 있다.

34 NH농협 서울 ○○지점에서 근무하고 있는 김 대리는 가계부채와 기준금리의 연관성을 조사하고 있다. 이때 관련 보고서를 작성하기 위해 참고한 다음 그래프에 대한 해석으로 옳지 않은 것은?

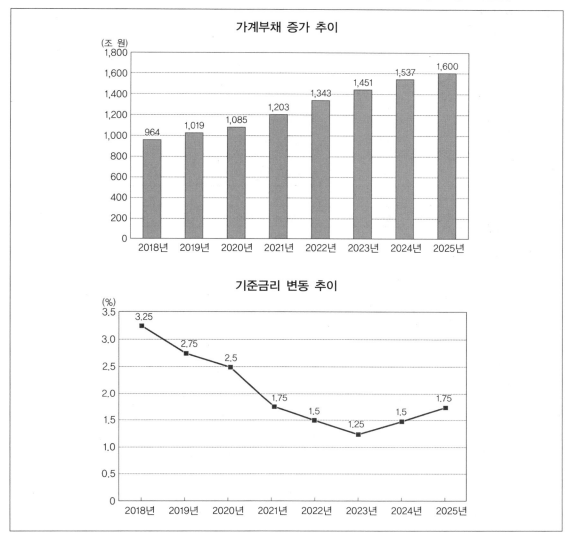

① 가계부채는 해마다 꾸준히 증가하고 있다.
② 기준금리가 가장 낮은 해와 가장 높은 해의 가계부채는 500조 원 이상 차이 난다.
③ 전년 대비 기준금리의 변화폭이 가장 큰 해는 2021년이다.
④ 2025년 가계부채는 2023년에 비해 10% 이상, 2021년에 비해 30% 이상 증가하였다.

35 다음은 갑 회사의 수당 지급 기준표와 직급 및 근속년수에 따른 기본급을 나타낸 것이다. 2025년 1월 갑 회사의 직원인 A와 B의 기본급이 각각 300만 원, 250만 원이라고 할 때, 2025년 1월 A의 월급과 B의 월급의 차이는 최대 얼마인가? (단, 갑 회사의 월급은 기본급과 수당의 합이며 〈표 1〉에 제시된 수당 외에 다른 수당은 없고 2025년 1월에는 설날이 포함되어 있다.)

〈표 1〉 수당 지급 기준표

구분	지급액	비고
정근 수당	부장 : 20만 원 차장 : 15만 원 과장 : 12만 원 대리 : 10만 원 사원 : 8만 원	매년 1, 5, 9월 지급
명절 휴가비	기본급의 60%	설날, 추석이 포함된 달에 지급
가계지원비	기본급의 40%	매년 3, 6, 8, 10, 12월 지급
정액 급식비	13만 원	매달 지급
교통비	부장, 차장, 과장 : 10만 원 대리, 사원 : 5만 원	홀수 달 지급
직급보조비	부장 : 20만 원 차장 : 15만 원 과장 : 12만 원 대리 : 10만 원 사원 : 8만 원	짝수 달 지급

〈표 2〉 직급 및 근속년수에 따른 기본급

(단위 : 만 원)

구분	1년	2년	3년	4년	5년	6년	7년	8년
사원	150	155	160	165	180	185	190	200
대리	180	185	190	195	200	205	210	250
과장	230	240	250	260	270	280	290	300
차장	280	290	300	310	320	330	340	350
부장	380	390	400	410	420	430	440	450

① 90만 원 ② 95만 원
③ 100만 원 ④ 105만 원

36 다음과 동일한 오류를 범하고 있는 것을 고르면?

> 어제 뉴스를 봤는데, 10대 아이들이 카드빚 때문에 강도짓을 했다고 하더라. 요즘 아이들 정말 무서워.

① 요즘 계속 운이 좋지 않았는데, 파란색 옷을 입고 나왔더니 좋은 일이 계속 생겼어. 파란색 옷이 행운을 불러오나봐.
② 감기에는 이 약이 가장 좋습니다. 세계 최대 제약사에서 만든 약이거든요.
③ 우리 회사의 인도 출신 직원들은 불만이 너무 많아. 인도 사람들이 원래 불만이 많은가봐.
④ 외계인은 존재하지 않아. 누구도 본 적이 없으니까.

37 다음 제시문과 동일한 오류를 범하고 있는 것을 고르면?

> 이 약은 대단히 위험하다. 정부에서 약의 유통을 금지하고 있기 때문이다. 정부는 왜 이 약의 유통을 금지하는 것인가? 그것은 이 약이 위험하다고 생각하기 때문이다.

① 편부모 가정에서 자란 아이들의 비행 문제가 심각하다. 그러므로 쉽게 이혼할 수 없는 제도적인 개선이 필요하다.
② 철수를 만날 때마다 비가 온다. 빨래를 했으니 철수를 만나지 않을 것이다.
③ 그는 참말만 하는 사람이다. 왜냐하면 그는 거짓말을 하지 않기 때문이다.
④ 실존주의 철학은 나치즘의 철학이다. 나치즘 사상은 독재를 낳았으므로 옳지 않다. 따라서 실존주의 철학을 배워서는 안 된다.

38 다음 밑줄 친 부분에 들어갈 문장으로 가장 적절한 것은?

> 모든 대학생은 거짓말쟁이다.
> 어떤 거짓말쟁이는 전과가 있다.
> 어떤 연예인은 대학생이다.
> 그러므로, _____

① 어떤 대학생은 전과가 없다.
② 모든 대학생은 전과가 있다.
③ 어떤 연예인은 거짓말쟁이다.
④ 모든 연예인은 거짓말쟁이다.

39 다음 밑줄 친 부분에 들어갈 문장으로 가장 적절한 것은?

> 아침에 운동을 하는 모든 사람은 아침, 저녁 운동을 한다.
> 아침에 운동을 하는 모든 사람은 체중이 50kg 이상이다.
> 그러므로, _____

① 아침, 저녁 운동을 하는 어떤 사람은 체중이 50kg 미만이다.
② 아침, 저녁 운동을 하는 모든 사람은 체중이 50kg 미만이다.
③ 체중이 50kg 이상인 모든 사람은 아침, 저녁 운동을 하지 않는다.
④ 체중이 50kg 미만인 모든 사람은 아침, 저녁 운동을 하지 않는다.

40 다음 밑줄 친 부분에 들어갈 문장으로 가장 적절한 것은?

> 술을 좋아하는 모든 사람들은 삼겹살을 좋아한다.
> 삼겹살을 좋아하는 모든 사람들은 감자칩을 좋아한다.
> 갑은 술을 좋아한다.
> 그러므로, _____

① 갑은 삼겹살을 좋아하지만 감자칩은 좋아하지 않는다.
② 갑은 삼겹살도 좋아하고, 감자칩도 좋아한다.
③ 갑은 감자칩을 좋아하지 않는다.
④ 갑은 술은 좋아하지만 삼겹살을 좋아하지 않는다.

41 다음 밑줄 친 부분에 들어갈 문장으로 가장 적절한 것은?

> 연인을 불쾌하게 하는 모든 것은 데이트폭력이다.
> 어떤 사생활 침해 행위는 연인을 불쾌하게 한다.
> 그러므로, _____

① 모든 데이트폭력은 사생활 침해 행위이다.
② 어떤 사생활 침해 행위는 데이트폭력이다.
③ 모든 사생활 침해 행위는 연인을 불쾌하게 한다.
④ 모든 사생활 침해 행위는 데이트폭력이다.

42 다음 밑줄 친 부분에 들어갈 문장으로 가장 적절한 것은?

> 모든 의사는 논리적 사고를 하며 수학을 좋아한다.
> 양 씨는 모두 의사이다.
> 그러므로, _____

① 양씨가 아니면 논리적 사고를 한다.
② 양씨는 논리적 사고를 하며 수학을 좋아한다.
③ 양씨가 아니면 의사가 아니다.
④ 양씨는 논리적이지 않지만 수학을 좋아한다.

43 다음 주어진 조건들이 모두 참일 때, 항상 참이라고 할 수 없는 것은?

> ⓐ 축구를 잘하는 사람은 발이 크지 않다.
> ⓑ 팔이 긴 사람은 농구를 잘한다.
> ⓒ 발이 큰 사람은 팔이 길다.
> ⓓ 연진은 발이 크다.

① 연진은 농구를 잘한다.
② 팔이 길지 않은 사람은 발이 크지 않다.
③ 발이 큰 사람은 축구를 잘하지 못한다.
④ 팔이 길지 않은 사람은 농구를 잘하지 못한다.

44 다음 조건을 충족시키는 진술을 고르면?

> • 지역농협 동기인 성현, 승호, 세웅 세 사람은 회사에서 음악회 초대권 8장을 받았다.
> • 세 사람 중 초대권을 가져가지 않은 사람은 없다.
> • 성현이는 두 장을 가져갔다.
> • 세웅이는 승호의 두 배를 가져갔다.

① 세웅이는 초대권을 5장 이상 가져갔다.
② 승호는 초대권을 3장 가져갔다.
③ 성현이는 승호보다 초대권을 더 많이 가져갔다.
④ 성현이와 승호는 같은 수의 초대권을 가져갔다.

45 다음 〈조건 1〉과 〈조건 2〉를 근거로 판단할 때 옳지 않은 것은?

┌ 조건 1 ┌
- 32개 팀이 출전하여 4팀씩 8개 조로 나누어 경기한다.
- 각 조의 4개 팀이 서로 한 번씩 경기를 한다.
- 승점 – 골득실 – 다득점 – 승자승 – 추첨의 순서로 순위를 정하여 조 1, 2위 팀이 16강에 진출한다.
- 조별 경기에서 승리한 팀은 승점 3점, 무승부인 경우 승점 1점, 패배한 팀은 승점 0점을 획득한다.

┌ 조건 2 ┌
- 1조에 속한 A, B, C, D팀은 각 2경기씩을 치렀다.
- 지금까지의 경기 결과는 A : B = 4 : 1, A : D = 1 : 0, B : C = 2 : 0, C : D = 2 : 1이다.
- 마지막 경기는 A : C, B : D 간의 경기로 치러진다.

① A팀과 C팀의 경기에서 A팀이 승리한다면, A팀은 B팀과 D팀의 경기 결과에 상관없이 16강에 진출한다.
② C팀과 D팀이 함께 16강에 진출할 가능성은 없다.
③ A팀이 C팀과 1 : 1로 비기고 B팀이 D팀과 0 : 0으로 비기면 A팀과 B팀이 16강에 진출한다.
④ D팀은 마지막 경기의 결과에 상관없이 16강에 진출할 수 없다.

46 부산농협에서는 가을을 맞아 부서 대항 체육대회를 개최한다. 다음 자료와 〈조건〉을 근거로 판단할 때, 총무팀에서 3인 4각 달리기 선수로 참가해야 하는 사람만을 모두 고르면?

총무팀의 종목별 인원 참가 수			
달리기	팔씨름	3인 4각 달리기	공굴리기
1명	4명	3명	4명

총무팀은 종목별 선수 명단을 확정하려고 한다. 선수 후보는 주영, 성일, 소미, 나은, 유나, 도연, 희주이며, 개인별 참가가능 종목은 아래와 같다.

구분	주영	성일	소미	나은	유나	도연	희주
달리기	○	×	○	×	×	×	×
팔씨름	○	×	○	○	○	×	×
3인 4각 달리기	×	○	○	○	○	×	○
공굴리기	○	×	○	×	○	○	○

※ ○ : 참가 가능, × : 참가 불가능
※ 어떤 종목도 동시에 진행되지 않는다.

┌ 조건 ┌
- 한 사람이 두 종목까지 참가할 수 있다.
- 모든 사람이 한 종목 이상 참가해야 한다.

① 주영, 소미, 나은　　　　　② 성일, 나은, 희주
③ 유나, 도연, 희주　　　　　④ 성일, 소미, 도연

47 ○○사 대전지점의 구매담당부서는 2개 사무실에 새로 설치할 파티션을 구매하려고 한다. 제품별 사양 및 가격을 나타낸 표와 구매담당부서의 구매결정 방식을 참고할 때, 제품 선택 과정에 대한 설명으로 옳은 것은?

제품별 사양 및 가격

구분	A	B
소재	PVC	스틸
두께	두꺼움	얇음
무게	무거움	가벼움
공간 활용성	낮음	높음
내구성	보통	높음
개당 가격	30,000원	50,000원
배송비	개당 7,000원	없음
설치 편의	쉬움	보통

구매담당부서의 구매결정 방식은 다음과 같다.
- 무게 – 총 비용 – 내구성 – 설치 편의 – 공간 활용성 – 두께 순으로 검토한다.
- 3가지 항목을 먼저 만족시키는 제품을 선택한다.
- 무게는 가벼울수록, 총비용(가격 + 배송비)은 적을수록, 내구성과 공간 활용성은 높을수록, 설치 편의는 쉬울수록, 두께는 얇을수록 선호한다.

① 구매담당부서는 A제품을 선택할 것이다.
② 내구성 비교 단계에서 제품을 선택할 수 있다.
③ 4가지 항목을 먼저 만족시키는 제품을 선택한다면, 선택하는 제품이 바뀔 수 있다.
④ 모든 항목을 비교하지 않아도 제품을 선택할 수 있다.

[48~49] 홍보팀에서 근무하는 임 사원은 신규 적금 상품의 홍보를 위한 홍보물 제작을 하려고 한다. 다음의 자료를 보고 이어지는 물음에 답하시오.

주요품목 가격표

A업체			B업체			C업체		
현수막	50장	350,000원	현수막	50장	360,000원	현수막	50장	370,000원
	100장	650,000원		100장	660,000원		100장	680,000원
배너	10장	130,000원	배너	10장	120,000원	배너	20장	200,000원
	20장	250,000원		20장	220,000원		40장	380,000원
POP	20장	200,000원	POP	20장	210,000원	POP	20장	180,000원
	50장	450,000원		40장	400,000원		30장	250,000원
특수 출력	1장	10,000원	특수 출력	10장	85,000원	특수 출력	20장	160,000원
	10장	90,000원		20장	150,000원		40장	250,000원

디자인 비용

A업체	문구 및 색상 수정	회당 5,000원
	이미지 수정	개당 5,000원
B업체	문구 및 색상 수정	회당 3,000원
	이미지 수정	개당 3,000원
C업체	문구 및 색상 수정	무료
	이미지 수정	

48 임 사원은 가장 저렴한 가격으로 아래 홍보물들을 제작하려고 한다. 이때 어떤 업체에서 각 홍보물을 주문해야 하는가? (단, 제작시간은 같으며 추가되는 옵션은 없다.)

• 현수막 50장 • 배너 40장 • POP 100장 • 특수출력 20장

	현수막	배너	POP	특수출력
①	A업체	B업체	C업체	B업체
②	A업체	C업체	C업체	B업체
③	B업체	A업체	A업체	C업체
④	B업체	C업체	A업체	C업체

49 위 48번 문제에서 선택한 각 업체에서 현수막의 이미지 2개, 문구를 3번 수정하였고, 배너의 경우 이미지 1개를 수정하고, POP의 경우 이미지 4개를 수정하였다. 또한 특수출력의 문구는 2번 수정하였다. 이때 드는 총 비용은 모든 홍보물을 C회사 한 곳에서 제작했을 때의 비용과 얼마만큼 차이가 나는가?

① 1,000원 ② 2,000원
③ 2,500원 ④ 3,000원

50 조 과장은 다음과 같이 신입사원 교육을 준비하고 있다. 이를 바탕으로 예산안을 책정할 때, 먼저 고려 해야 할 사항으로 적절한 것은?

신입사원 교육 일정 및 내용

1) 교육 목표
   신입사원으로서 조직에서 갖춰야 할 기본 지식과 소양, 사내 업무와 역량 강화 등의 목표를 가지고 교육한다.

2) 교육 안내
   가) 대상 : 신입사원
   나) 방법 : 강의 및 실습
   다) 기간 : 10월 23일~25일(2박 3일간)
   라) 장소 : 충청북도 보은군 ○○연수원

3) 교육 내용
   가) 신입사원의 역할
      변화 속에서의 생존, 학교와 회사의 차이, 신입사원의 역할, 성평등화
   나) 효과적인 업무 방법
      효과적이고 체계적인 업무 진행 방법, 계획수립의 절차와 요령, 보고 기술
   다) 업무 매너
      인사 예절, 전화 예절, 명함 교환, 고객 응대, 방문 예절, 언어 예절, 선배들과의 대화 예절, 회식 예절
   라) 문서작성 기술
      문서작성의 의미, 문서작성 방법, 비밀문서 관리 방법
   마) 기획 및 발표 기술
      문제해결 능력, 기획 실습, 정보·비밀 관리, 정보 공유, 빅데이터 관리, 리더십 훈련
   바) 우수 사원 시상 및 끝인사

---

① 2박 3일 일정이니 숙소 비용과 교통비, 식비를 먼저 계산해서 고정비용으로 예산안을 작성해야겠군.
② 신입사원의 교육인 만큼 제일 좋은 강사를 섭외해야겠어. 강의료를 먼저 책정해야겠군.
③ 교육 프로그램 진행비로 기타 시설 장비 대여비를 먼저 책정해야겠어.
④ 신입사원들인 만큼 저녁 다과회나 회식비를 유동비용으로 먼저 책정해야겠어.

51 ○○사 예산관리부서에서는 경영 효율을 위해 불필요한 예산 집행을 줄여야 한다고 생각해 이와 관련한 회의를 열었다. 다음은 물품 A, B, C를 구매하는 데 드는 비용과 회의 내용을 나타낸 자료이다. 이를 참고할 때, 회의에서 제기된 문제점들을 개선하기 위한 방안으로 적절하지 않은 것은?

물품별 구매 비용

구분	A	B	C
단가	4,000원	5,000원	6,000원
운송비(1단위당)	800원	500원	200원
기타경비(1단위당)	1,400원	500원	500원
총비용(1단위당)	6,200원	6,000원	6,700원

회의 내용

김 과장 : 지난 1년간 구매 비용을 분석해 보니, 운송비나 지연비용 등을 고려하지 않고 단순히 물품의 단가가 저렴한 제품을 구입해왔더군요. 예를 들면 총비용은 B가 더 저렴한데도 단가가 싸다는 이유로 A를 구매하고 있는 것이지요.

한 대리 : 부서마다 제각기 물품을 구매하는 것도 문제인 것 같습니다. 똑같은 물품을 어떤 부서는 다른 부서보다 많게는 30%까지 비싸게 구매하더군요.

이 사원 : 과다구매로 인해 재고가 많이 쌓이는 것도 문제인 것 같습니다. 각 부서마다 필요량이 다르다는 것은 이해하지만, 나중을 대비한다는 핑계로 필요한 양보다 많은 양을 구매하고 있는 실정입니다.

임 대리 : 10년도 더 된 기존의 구매 방식을 그대로 답습하는 것도 문제입니다. 요즘 실정에 맞게 비용을 줄일 수 있는 구매 방식이 필요하다고 생각합니다.

① 유사한 물품은 회사의 구매 담당 부서가 신청을 받아 일괄 구매한다.
② 회사에서 모든 물품을 구매해 각 부서에 똑같은 양을 분배함으로써 불필요한 구매를 막는다.
③ 물품 구매에 드는 비용을 다양한 각도에서 분석해 총비용을 낮추도록 한다.
④ 과다한 물품 구매로 재고를 일정 기준 이상 쌓이게 하는 부서에게 성과상 불이익 등 제재를 가한다.

52 다음 중 농협이 하는 사업과 그에 관련된 설명이 잘못 연결된 것은?
① 농업경제사업 : 영농자재 공급, 산지유통혁신, 도매 사업, 소비자유통 활성화, 안전한 농식품 공급 및 판매 등
② 축산경제사업 : 축산물 생산·도축·가공·유통·판매사업, 축산 지도 지원 및 개량 사업, 축산 기자재(사료 등) 공급 및 판매 등
③ 상호금융사업 : 은행, 보험, 증권, 선물 등 종합금융그룹
④ 교육지원사업 : 농·축협 육성, 농업인 복지증진, 농촌사랑·또 하나의 마을 만들기 운동 등

53 다음 중 농협의 핵심가치가 아닌 것은?

① 지역 농축협과 함께하는 농협
② 국민에게 사랑받는 농협
③ 농업인과 소비자가 함께 웃는 농협
④ 경쟁력 있는 글로벌 농협

54 다음 중 농협의 이슈와 연도를 바르게 짝지은 것은?

① NH콕뱅크 출시, 2019년
② NH투자증권 출범, 2004년
③ 농협유통 설립, 1995년
④ 농업박물관 개관, 1981년

55 다음 중 농협이 안고 있는 과제로 옳지 않은 것은?

① 조합원의 이질화
② 구세대 및 빈농의 이탈 우려
③ 도시농협과 농촌농협의 격차
④ 중앙회와 농축협 간 격차

56 다음 중 농협이 가야 할 세 가지 길로 옳지 않은 것은?

① 가야할 길
② 나아갈 길
③ 이루어갈 길
④ 이끌어갈 길

57 다음은 한 기업의 SWOT분석이다. 아래의 환경 분석결과에 대응하는 전략으로 옳지 않은 것은?

강점(Strength)	• 오프라인에서의 높은 인지도 • 폭넓은 고객 기반 • 자체 e−book 개발능력 탁월
약점(Weakness)	• 온라인에서의 낮은 인지도 • 오프라인과의 시너지 부재 • 온라인 유통 인프라 부족
기회(Opportunity)	• e−book을 통한 컨텐츠의 성장 • 온라인 시장 활성화
위협(Threat)	• 디지털로 인한 오프라인 기반 약화 • 대체유통시스템 발달

외부요인＼내부요인	강점(Strength)	약점(Weakness)
기회(Opportunity)	① 자체 e−book 컨텐츠를 다양하게 개발하여 온라인 시장에 보급	② 오프라인의 높은 인지도를 온라인 시장에서 활용하는 공격적 마케팅
위협(Threat)	③ 폭넓은 고객 기반을 바탕으로 오프라인 기반을 강화시켜 높은 인지도 선점	④ 온라인 유통 인프라를 구축하여 온라인에 특성화된 유통시스템 개발

58 다음 중 명함을 주고받을 때 하는 행동으로 옳지 않은 것은?

① 뉴욕에 출장을 간 A씨는 미국인 B씨를 만나 악수를 하기 전 소개를 위해 명함을 먼저 교환한 후 이름을 확인하고 명함 지갑에 넣었다.
② 일주일 후 중국 바이어와 만나기로 한 Y씨는 중국인들의 취향에 맞춰 명함을 금색으로 인쇄하였다.
③ 워싱턴에서 세미나에 참여한 R씨는 미국인 D씨에게 사업 관련으로 연락할 일이 있어 명함을 주고받았다.
④ 외부 업체 직원 S씨를 만난 J씨는 악수 후 교환한 명함을 탁자 위에 보이게 놓은 채 회의를 하였다.

59 ○○기업 인사팀장은 "요즘 사내에 고객 및 지인의 불시 방문이나 전화, 당장 처리해야 할 잡일 등으로 업무에 지장을 초래하고 있으므로 효율적인 업무가 가능하도록 하라"고 팀원들에게 지시하였다. 이때 인사팀장의 지시는 아래의 시간관리 매트릭스 A, B, C, D 중 어디에 위치하는가?

시간관리 매트릭스

일의 성격	급함	급하지 않음
중요함	A	B
중요하지 않음	C	D

① A
② B
③ C
④ D

60 다음은 어느 회사의 결재규정이다. 윤 과장이 법인카드를 이용하여 바이어 미팅 및 식사대접으로 30만 원을 지출한 경우 작성해야 하는 결재 양식으로 옳은 것은?

결재규정

- 모든 결재는 대표이사의 최종 결재가 들어가야 한다. (단, 전결사항인 건은 위임받은 자가 최종 결재권자가 된다.)
- 전결이란, 최종 결재권자가 결재 사항의 일부를 일정한 사람에게 위임하면 위임받은 사람이 위임 사항에 대해 최종 결재권자 대신 결재하는 제도를 말한다.
- 전결사항에 대해서 위임 받은 사람은 본인의 결재란에 전결을 기입하고 최종결재란에 결재한다.
- 전결사항은 아래의 표에 따른다.

구분	내용	지출액	결재		
			팀장	부장	대표이사
행사비	이벤트 / 사은품 비용	20만 원 이하	○		
		20만 원 초과		○	
법인카드	회식 / 바이어 접대비	30만 원 이하		○	
		30만 원 초과			
비품구매	비품 구매비	20만 원 이하	○		
		50만 원 이하		○	

※ '○' 표시가 있는 자가 최종 결재권자의 위임을 받은 자임

①
결재	담당	팀장	부장	최종결재
	윤 과장		부장	전결

②
결재	담당	팀장	부장	최종결재
	윤 과장		/	전결

③
결재	담당	팀장	부장	최종결재
	윤 과장	전결	팀장	부장

④
결재	담당	팀장	부장	최종결재
	윤 과장		전결	부장

지역농협
6급

직무능력평가

박문각

지역농협
6급

직무능력평가
봉투모의고사

/

3회

제3회 직무능력평가

(60문항 / 70분)

01 다음 빈칸에 들어갈 사자성어로 가장 적절한 것은?

> 현아는 어려운 가정형편 때문에 대학에 진학하지 못하고 취업에 나설 수밖에 없었다. 하지만 하고 싶던 공부를 포기하지 않고 (   )한 끝에, 명문대에 합격하여 전액 장학금을 받으며 다닐 수 있게 되었다.

① 각골난망(刻骨難忘)　　　　　　② 주경야독(晝耕夜讀)
③ 일취월장(日就月將)　　　　　　④ 당랑거철(螳螂拒轍)

02 다음 상황에 어울리는 사자성어로 가장 적절한 것은?

> 최 주임은 평소 영어에 자신이 있었지만, 영어 공부를 손 놓은 지 오래되어 감을 잃은 느낌이 들었다. 새해를 맞아 영어 실력을 높일 것을 마음먹고, 영어 학원의 집중반에 등록했다. 하지만, 바쁜 업무 일정과 퇴근 후 친구들과의 약속을 포기하지 못하고 결국 수업을 두어 번 듣다가 중도 포기하고 말았다.

① 등고자비(登高自卑)　　　　　　② 작심삼일(作心三日)
③ 한강투석(漢江投石)　　　　　　④ 누란지위(累卵之危)

03 다음 제시문의 내용과 관련이 있는 사자성어를 고르면?

> 모든 생물은 장점과 단점, 강점과 약점을 동시에 가지고 있다. 작고 힘도 약한 토끼지만 잘 듣는 귀와 잘 뛰는 다리가 있다. 그리고 한 번에 많은 수의 2세를 낳는 장점이 있다.

① 계란유골(鷄卵有骨)　　　　　　② 무용지용(無用之用)
③ 각자무치(角者無齒)　　　　　　④ 고장난명(孤掌難鳴)

04 다음 빈칸 ㉠ ~ ㉢에 들어갈 말을 알맞게 짝지은 것은?

> • 안경을 (㉠).
> • 화살을 과녁에 (㉡).
> • 예방주사를 (㉢).

	㉠	㉡	㉢
①	맞추다	맞추다	맞히다
②	맞추다	맞추다	맞추다
③	맞추다	맞히다	맞히다
④	맞히다	맞추다	맞히다

05 제시된 어휘들과 공통적으로 관련되는 단어를 고르면?

> 몽니   게염   걸태질

① 지저분한　　　　　　　　　② 욕심내는
③ 폭력적인　　　　　　　　　④ 노쇠한

06 다음 중 맞춤법이 틀린 문장은 모두 몇 개인가?

> • 더운데 윗옷은 여기 벗어 놓으세요.
> • 곰곰히 생각하니 내가 실수했더라고.
> • 개강 일주일 전에 전세집을 계약했습니다.
> • 이 방은 창문이 작은 데다 더욱이 매우 좁구나.
> • 배가 아프다고 하더니 약을 먹고 효과가 금새 나타나는구나.

① 없음　　　　　　　　　　② 1개
③ 2개　　　　　　　　　　④ 3개

07 다음 중 밑줄 친 부분과 같은 의미로 사용된 것은?

> 다른 사람 모르게 눈물을 <u>훔치던</u> 시간이 있었다.

① 그는 물건을 <u>훔치다가</u> 주인에게 덜미가 잡혔다.
② 대청소를 하며 걸레로 방 안을 <u>훔쳤다</u>.
③ 그녀는 학교에서 여러 남학생의 마음을 <u>훔쳤다</u>.
④ 1루 주자가 2루를 <u>훔쳤다</u>.

08 다음 문장의 밑줄 친 단어와 바꾸어 쓸 수 없는 것은?

> 그 모임에는 <u>자발없는</u> 사람이 몇 명 있다.

① 경솔한　　　　　　　　② 방정맞은
③ 경박한　　　　　　　　④ 잔득한

09 다음 중 띄어쓰기가 바른 것은?

① 그는 감성적이기보다는 합리적이다.
② 그때는 연필 한자루도 사기 힘들 때였다.
③ 어머니는 꽃 처럼 웃고 있었다.
④ 그녀가 좋은 사람인 건 틀림 없다.

10 다음 중 맞춤법이 틀린 문장은 모두 몇 개인가?

> • 추운 겨울이 지나고 드디어 푸릇한 봄이 왔다.
> • 민지는 영희의 행동을 보고 정내미가 떨어졌다.
> • 그 선수는 학업과 운동이 병행되야 한다는 학교 방침을 충실히 따랐다.
> • 김철수 학생은 우리 학교의 위상을 높혔습니다.
> • 그는 협회의 방침에 이의를 재기했다.

① 1개　　　　　　　　② 2개
③ 3개　　　　　　　　④ 4개

11 다음 밑줄 친 부분과 바꾸어 쓸 수 있는 단어를 고르면?

> 김 과장은 자신의 능력에 <u>맞는</u> 보수를 받고 있지 않다고 생각한다.

① 호응하는　　　　　　　② 상응하는
③ 부응하는　　　　　　　④ 대응하는

12 다음 중 맞춤법에 맞는 문장을 〈보기〉에서 모두 고르면?

┌ 보기 ┐
ⓐ 휴일을 맞아 느긋이 쉬고 싶다.
ⓑ 그는 장기자랑에서 성대묘사를 선보였다.
ⓒ 형은 도리여 나에게 역정을 냈다.
ⓓ 어머니는 딸의 행동을 호되게 나무랐다.

① ㉠, ㉡
② ㉠, ㉣
③ ㉡, ㉢
④ ㉡, ㉣

13 다음 중 밑줄 친 부분과 같은 의미로 사용된 것은?

문학과 현실은 분리할 수 없는 관계에 있다.

① 두 사람은 최근에 연인 관계로 발전하였다.
② 하수도 공사 관계로 통행에 불편을 드려 대단히 죄송합니다.
③ 관계 법규의 정비가 무엇보다 시급합니다.
④ 사업 관계로 올해 해외 출장을 10회 이상 다녀왔다.

14 다음 글의 빈칸 ㉠, ㉡에 들어가기에 적절한 것끼리 짝지어진 것은?

동물들은 자기가 어디에 있는지를 안다. 또한 동물은 길을 잃지 않으려고 노력하기도 한다. 주인과 떨어져 길을 잃던 동물이 혼자 낯선 지역을 지나서 멀리 있는 집까지 찾아왔다는 이야기는 그런 점을 잘 말해준다. 내가 키우는 검둥개도 자신의 환경에 대해 많은 것을 알고 있다. 어떤 사람과 차를 타는 것이 안전한지, 사슴이 잘 나타나는 지역은 어디인지를 알고 있으며, 심지어 아침식사 후에는 잼과 버터를 바른 빵 한두 조각이 간식으로 나온다는 것까지도 잘 알고 있다. 우리 고양이 역시 특수한 것에 관한 지식들을 상당수 머릿속에 간직하고 있으며, 우리 집 마당에 있는 새들이며, 밤에 마당을 가로지르는 여우들이며, 헛간에 사는 쥐들도 자신들의 주위 환경에 관해 상당히 많은 것을 알고 있으리라고 나는 확신한다. (㉠) 우리 사람은 알지만 동물은 모르는 또 다른 종류의 것들이 있다. 우리는 태양이 아침에 뜨고 하늘을 가로질러 저녁에 진다는 것을 안다. 우리는 태양이 매일 그렇다는 것을, 심지어 구름이 가로막더라도 이 세계가 존재하는 한에는 항상 그럴 것임을 안다. 우리는 모든 생물이 태어나고, 또한 언젠가는 죽는다는 것을 알고 있다. 이러한 지식은 위에 언급된 동물들의 사례처럼 특정한 시간이나 장소에 한정하여 적용되는 지식이 아니라, 어느 시간이든지 어디에서든지 적용되는 불변의 지식이다. (㉡) 우리 인간의 지식은 동물의 지식과는 본질적으로 다른 고차원적인 것으로, 이러한 지식의 차이는 인간과 동물을 구별 짓는 큰 요소이다.

	㉠	㉡
①	또한	하지만
②	또한	그래도
③	하지만	따라서
④	하지만	그러나

15 다음 글의 내용과 일치하지 않는 것은?

> 유클리드는 '차원'이라는 용어를 사용하여 길이·폭·깊이라는 사물의 성질에 수학적 의미를 부여한 사람이다. 유클리드 기하학에서 직선은 전형적인 일차원적 사물로 정의되는데, 이는 직선이 길이라는 단 하나의 성질을 갖고 있기 때문이다. 같은 방식으로, 길이와 폭이라는 성질을 갖고 있는 평면은 이차원적 사물의 전형이며, 길이·폭·깊이를 모두 갖고 있는 입체는 삼차원적 사물의 전형이다. 이렇게 유클리드 시대의 수학은 삼차원 세계에 대한 고대 그리스인들의 생각을 수학적으로 뒷받침하였다.
>
> 유클리드 이후 여러 세대를 거치면서도 이 세계는 계속해서 삼차원으로 인식되었다. 위대한 천문학자 톨레미조차 사차원에 대한 생각을 믿지 않았다. 공간에 서로 수직하는 세 직선을 그리는 것은 가능하지만 그와 같은 네 번째의 축을 그리는 것은 불가능하다는 것이 그의 설명이었다.
>
> 근대에 들어서 프랑스의 수학자 데카르트는 유클리드와 다른 방식으로 기하학에 접근했다. 대상의 길이·폭·깊이가 아닌 '좌표'라는 추상적 수치 체계를 도입한 것이다. 그에 따르면 어떤 사물의 차원은 그것을 나타내기 위해 필요한 좌표의 개수와 상관관계가 있다. 예를 들어 하나의 선은 오직 하나의 좌표를 사용하여 나타낼 수 있으므로 일차원이며, 두 개의 좌표를 써서 나타낼 수 있는 평면은 이차원이다. 같은 방법으로 입체가 삼차원인 이유는 이를 나타내기 위하여 세 개의 좌표가 필요하기 때문이다. 유클리드의 차원이 감각적인 대상의 특성에 기반한다는 점에서 질적이라고 한다면, 데카르트의 차원은 추상적인 수치에 기반한다는 점에서 양적이었다. 그는 사차원의 가능성을 모색해 보다가 결국 스스로 포기하고 말았는데, 눈으로 보여 줄 수 없는 것의 존재 가능성을 인정하지 않으려 했던 당시 수학자들의 저항을 극복하지 못했기 때문이다.
>
> 사차원의 개념이 인정을 받은 것은 19세기 독일의 수학자 리만에 이르러서이다. 그는 데카르트의 좌표에 대한 정의를 활용하여 0차원에서 무한대의 차원까지 기술할 수 있다는 점을 입증하였다. 그에 따르면, 감지할 수 있는 공간에서만 수학적 차원을 언급할 필요가 없다. 단지 순수하게 논리적으로 개념적 공간을 언급할 수 있으면 족한데, 그는 이를 다양체(manifold)라는 개념 속에 포괄하였다. 다양체는 그것을 결정하는 요인의 개수만큼의 차원을 갖게 된다. 헤아릴 수 없이 많은 요인들이 작용하여 이루어지는 어떤 대상이나 영역이 있다면, 그것은 무한 차원에 가까운 다양체라고 할 수 있다.

① 유클리드는 직선을 두 점으로 이루어진 이차원적 사물로 보았다.
② 톨레미는 공간에 네 번째 축을 그리는 것을 불가능하다고 보았다.
③ 데카르트가 사차원의 개념을 포기한 것은 당시 수학자들의 저항 때문이었다.
④ 리만은 0차원에서 무한 차원까지 기술할 수 있다고 보았다.

16 다음 글의 밑줄 친 부분의 이유를 〈보기〉와 같이 정리할 때, 빈칸에 들어갈 말로 적절하지 않은 것은?

1712년 뉴커먼의 증기 기관이 발명되어 광산에서 물을 퍼 올리는 데 쓰이고 있었다. 당시 와트는 대학 근처에서 기계를 제작하고 수리하는 일을 했는데, 우연히 대학에서 교육용으로 만든 뉴커먼의 증기 기관의 엔진 모형을 수리하는 일을 맡게 되었다. 열의 성질에 대해 상당한 지식을 가지고 있었던 와트는 엔진 모형을 수리하던 중 뉴커먼의 증기 기관이 엔진의 효율성 측면에서 문제가 있다는 것을 발견했다.

와트는 뉴커먼의 증기 기관이 냉각수를 분사하여 고온의 증기를 냉각할 때마다 실린더 벽에서 열이 손실되는 문제점을 발견했다. 즉 증기 기관의 열효율성을 높이기 위해서는 실린더가 고온 상태를 계속 유지해야 하는데, 뉴커먼의 증기 기관은 고온의 증기와 냉각수가 교대로 분사되면서 실린더를 가열했다 식히는 과정을 반복하기 때문에 엔진의 효율성이 떨어진다는 것이다. 1765년 와트는 이러한 뉴커먼의 증기 기관의 문제를 해결할 방법을 고안했다. 와트는 뉴커먼과 달리 냉각실을 따로 만들고 실린더와 냉각실을 파이프로 연결했다. 그리고 실린더는 보일러로부터 증기를 받아들이는 외부 용기 안에 넣어 외부 환경으로부터 단열시킴으로써 실린더 벽이 항상 고온 상태를 유지하도록 했다. 마찬가지로 냉각실도 수조 안에 설치하여 항상 저온 상태를 유지하게 했다.

와트는 소형 모델을 제작하여 자신이 고안한 증기 기관이 뉴커먼의 증기 기관보다 열 효율성 측면에서 훨씬 우수하다는 것을 보여 주었다. 그는 1777년 증기 기관을 이용하여 최초의 상업적인 양수기를 생산했는데, 이것은 동일한 양의 물을 퍼올릴 때 뉴커먼의 양수기에 비해 연료의 4분의 1밖에 쓰지 않았다. 와트의 증기 기관의 발명 덕분에 인간은 흐르는 물이나 바람 또는 가축에게서 얻는 것보다 훨씬 효율적인 에너지원을 가질 수 있게 되었다. 훗날 와트의 증기 기관은 산업 혁명의 동력으로 작용했다. <u>따라서 뉴커먼의 증기 기관보다 와트의 증기 기관이 더 널리 보급되게 되었다.</u>

┌ 보기 ┌
증기 기관 제작 기술이 (   )되어 보다 작고 경제적인 것이 개발되었기 때문이다.

① 개선(改善)   ② 향상(向上)
③ 개조(改造)   ④ 발전(發展)

17 다음 문장을 순서대로 적절하게 배열한 것은?

㉠ 아인슈타인은 직관적 영감을 바탕으로 누구에게나 절대적 진리로 간주되었던 시간과 공간의 불변성을 뒤엎고, 상대성 이론을 통해 시간과 공간도 변할 수 있다는 것을 보여 주었다.

㉡ 사람들은 좋은 그림을 보거나 음악을 들으면 쉽게 감동을 느끼지만 과학 이론을 대하면 복잡한 논리와 딱딱한 언어 때문에 매우 어렵다고 느낀다.

㉢ 이러한 통념이 아주 틀린 것은 아니지만, 돌이켜 보면 많은 과학상의 발견들은 직관적 영감 없이는 이루어질 수 없었던 것들이었다.

㉣ 그래서 흔히 과학자는 논리적 분석과 실험을 통해서 객관적 진리를 규명하고자 노력하고, 예술가는 직관적 영감에 의존해서 주관적인 미적 가치를 추구한다고 생각한다.

① ㉠ - ㉣ - ㉡ - ㉢   ② ㉠ - ㉡ - ㉣ - ㉢
③ ㉡ - ㉣ - ㉢ - ㉠   ④ ㉡ - ㉢ - ㉣ - ㉠

18 4%, 10% 농도의 소금물을 섞어 6% 농도의 소금물 600g을 만들려고 한다. 각각 얼마씩 섞어야 하는가?

① 4%: 100g, 10%: 500g   ② 4%: 500g, 10%: 100g

③ 4%: 300g, 10%: 300g   ④ 4%: 400g, 10%: 200g

19 7명의 사람이 원형 탁자에 둘러앉는 경우의 수는 모두 몇 가지인가?

① 120가지   ② 240가지

③ 360가지   ④ 720가지

20 동전 한 개와 주사위 한 개를 동시에 던질 때, 동전은 뒷면이 나오고 주사위는 4의 약수가 나올 확률은?

① $\dfrac{1}{2}$ ② $\dfrac{1}{3}$

③ $\dfrac{1}{4}$ ④ $\dfrac{1}{5}$

21 정우는 취미생활로 철인 3종 경기를 하고 있다. 최근 서울시가 주최하는 대회에서 정우는 자전거를 43km/h의 속력으로 탔고, 마라톤은 73분, 수영은 2km를 25분이 걸려 총 52.5km의 거리를 2시간 8분의 기록으로 완주했다. 이때 정우가 자전거를 탄 거리는 몇 km인가?

① 20.5km   ② 21.5km

③ 22.5km   ④ 23.5km

22 일주일 동안 A직원과 B직원이 함께 생산할 수 있는 귀걸이는 총 250개이고, 같은 기간 동안 B직원은 A직원보다 50개 더 많이 생산할 수 있다. B직원과 비교해 2배의 생산속도를 가진 C직원이 A직원과 함께 생산한다면 일주일 동안 몇 개의 귀걸이가 생산되겠는가?

① 400개   ② 350개

③ 300개   ④ 250개

23 둘레의 길이가 200cm인 사각형에서 가로의 길이를 10% 늘이고, 세로의 길이를 5% 줄였더니 전체 둘레가 5.5% 늘어났다. 이때 처음 사각형의 넓이는?

① 2,400cm²   ② 2,100cm²

③ 1,500cm²   ④ 1,300cm²

24 $\dfrac{1}{\sqrt{2}} \times \sqrt{32} \times \sqrt[3]{27}$ 의 값을 구하면?

① $6\sqrt{3}$ ② 12

③ $9\sqrt{2}$ ④ $9\sqrt{3}$

25 어느 시험에서 출제된 문제 수가 30문항이고, 만점은 80점이다. 문제별 배점은 2점, 3점, 4점의 세 종류이고 각각의 배점별로 한 문제 이상은 반드시 출제된다고 한다. 2점짜리 문제가 최소 A개, 최대 B개 출제된다고 할 때, A+B의 값을 구하면?

① 28   ② 29

③ 30   ④ 31

26 같은 노선의 버스 두 대가 운행되고 있다. 한 대는 차고지에서 출발하여 종점으로 향하며 3분에 두 정류장씩 지나고, 다른 한 대는 종점에서 출발하여 차고지로 향하며 5분에 세 정류장씩 지난다. 각 정류장 사이의 간격은 일정하고 교통체증은 고려하지 않을 때, 두 버스가 마주치는 정류장은 차고지 기준으로 어느 정류장인가? (단, 차고지는 1정류장, 종점은 20정류장이다.)

① 8정류장   ② 10정류장

③ 11정류장   ④ 12정류장

27 다음은 일정한 규칙으로 나열한 수열이다. 이때 빈칸에 들어갈 숫자로 옳은 것은?

$$\frac{1}{5} \quad \frac{4}{5} \quad \frac{2}{5} \quad \frac{8}{5} \quad \frac{4}{5} \quad \frac{16}{5} \quad (\quad)$$

① $\dfrac{8}{5}$ ② $\dfrac{12}{5}$

③ 3   ④ $\dfrac{17}{5}$

28 다음은 일정한 규칙으로 나열한 수열이다. 이때 빈칸에 들어갈 숫자로 옳은 것은?

$$3 \quad 6 \quad 9 \quad 15 \quad 24 \quad 39 \quad (\quad)$$

① 72   ② 63

③ 56   ④ 48

29 다음은 일정한 규칙으로 나열한 문자열이다. 이때 빈칸에 들어갈 문자로 옳은 것은?

$$R \quad Q \quad O \quad L \quad H \quad (\quad)$$

① F   ② D

③ C   ④ A

30 다음은 일정한 규칙으로 나열한 수열이다. 이때 빈칸에 들어갈 숫자로 옳은 것은?

$$256 \quad 4 \quad 128 \quad 12 \quad 64 \quad 36 \quad (\quad) \quad 108 \quad 16$$

① 54   ② 36

③ 32   ④ 16

31 다음은 한국거래소(KRX)와 한국상장회사협의회(KLCA)가 유가증권시장에 상장된 결산법인 617개 기업을 대상으로 조사한 12월 결산법인 2024년과 2025년 사업연도 실적이다. 이에 대한 설명으로 옳은 것을 〈보기〉에서 모두 고르면?

12월 결산법인 2024, 2025년 사업연도 실적

(단위 : 억 원)

구분	매출액	영업이익	법인세비용 차감 전 계속사업이익	순이익
2024년	8,242,973	435,363	430,209	346,708
2025년	8,356,731	499,200	486,531	393,505

┌ 보기 ┐
- ㉠ 2025년 사업연도 실적 중 영업이익과 순이익의 전년 대비 증가액은 모두 5조 원 이상이다.
- ㉡ 2025년 사업연도 실적 중 계속사업이익은 순이익보다 전년 대비 증가율이 낮다.
- ㉢ 매출액 대비 순이익이 차지하는 비중은 2025년에만 5%를 넘는다.
- ㉣ 2024년과 2025년 매출액 대비 영업이익이 차지하는 비중은 1%p 이내로 차이 난다.

① ㉠, ㉡   ② ㉡, ㉢

③ ㉠, ㉣   ④ ㉡, ㉣

32 강원도 홍천농협 ○○지점에 근무하는 김 대리는 최근 귀농을 생각하고 있는 고객들과 상담을 하고 있다. 다음 주어진 조건을 참고했을 때, 고객들 중 최대 금액으로 대출받을 수 있는 고객과 가장 높은 우대금리를 받을 수 있는 고객이 알맞게 짝지어진 것은?

조건

- 농협자체신용등급 또는 은행공용신용등급이 7등급 이내
- 소득증빙 필수(단, 가정주부의 경우 연간 신용카드 사용금액이 1,000만 원 이상 시 대출 가능)
- 신용대출 최대 3,000만 원 이내(기대출금액 제외)
- 농협 및 타 은행의 기대출금액 포함 최대 5,000만 원 이내 대출실행 가능
  (기대출금액이 3,000만 원이면 최대로 받을 수 있는 신용대출금액은 2,000만 원임)
- 홍천군 소재 농지 소유 시 최대 1,000만 원 이내 추가 신용대출
- 본인 주소지가 홍천군일 경우 0.2% 금리우대
- 농협 신용·체크카드 보유 시 각각 0.1% 금리우대

고객 명단

구분	농협신용등급	은행공용 신용등급	소득증빙	기대출금액	주소지	농협카드보유 여부	농지소유 여부(홍천)
A고객	2등급	3등급	근로소득	−	홍천	체크	○
B고객	5등급	5등급	자영업	6,000만 원	원주	신용, 체크	−
C고객	8등급	9등급	가정주부	1,000만 원	부산	체크	−
D고객	6등급	6등급	무직	4,000만 원	홍천	신용	○
E고객	3등급	2등급	자영업	−	홍천	신용, 체크	−

① 최대대출금액 : A고객, 최대우대금리 : C고객
② 최대대출금액 : E고객, 최대우대금리 : B고객
③ 최대대출금액 : E고객, 최대우대금리 : C고객
④ 최대대출금액 : A고객, 최대우대금리 : E고객

[33~34] 다음은 N은행의 영업수익 관련 자료이다. 이를 보고 이어지는 물음에 답하시오.

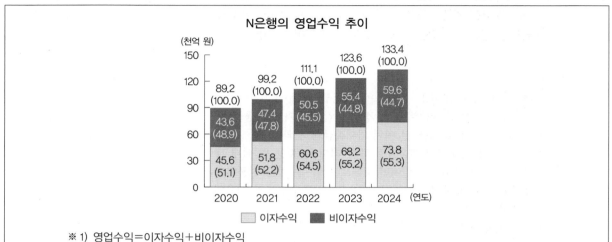

N은행의 영업수익 추이

※ 1) 영업수익＝이자수익＋비이자수익
   2) 괄호 안은 연도별 영업수익에서 차지하는 구성비(%)임

2024년 주요 은행의 영업수익 현황

구분 \ 은행	N	W	S	H	K	시중은행 평균
총자산 대비 영업수익 비율(%)	12.5	10	8.5	7	11	9.7
총자산 대비 이자수익 비율(%)	5.8	4	4.5	3.2	6	4.5

33 위 자료에 대한 설명 중 옳지 않은 것은?

① N은행의 2024년 총자산 대비 비이자수익 비율은 시중은행의 평균 총자산 대비 비이자수익 비율보다 높다.

② N은행은 영업수익에서 비이자수익이 차지하는 비중이 2020년에 비해 2024년에 4%p 이상 감소하였다.

③ 2024년 총자산 대비 이자수익 비율은 N은행이 H은행의 2배 이상이다.

④ 2024년 총자산 대비 영업수익 비율은 N은행이 시중은행 평균보다 2.5%p 이상 높다.

34 2025년 N은행 영업수익이 2024년과 동일한 경우 이자수익 비중을 전년보다 5%p 이상 높이려고 한다면 이자수익은 얼마가 되어야 하는가? (단, 십억 원 이하에서 올림하여 계산한다.)

① 7조 8천억 원
② 8조 원
③ 8조 1백억 원
④ 8조 5백억 원

35 다음 제시문과 동일한 오류를 범하고 있는 것을 고르면?

> 19세기 영국의 한 개혁가는 착실하고 부지런한 농부들은 모두 적어도 한두 마리의 젖소를 소유하고 있음을 알았다. 젖소를 한 마리도 갖고 있지 않은 농부들은 게으르고 술에 취해 있는 경우가 대부분이었다. 이 개혁가는 젖소를 가지지 못한 농부들을 착실하고 부지런하게 만들기 위해, 그들에게 젖소를 한 마리씩 줄 것을 주장했다.

① 최근 들어 우리 집안에 아픈 사람들이 많아진 것은 아무래도 할아버지 산소를 잘못 옮겨서인 것 같아.
② 이 안건이 받아들여지지 않는다면 차후 일어나는 모든 사태에 대해 책임을 지지 않을 것을 분명히 해둡니다.
③ 우리 고등학교 선배인 이○○씨를 찍어줘야지.
④ 우리나라의 핵무기 개발을 반대하는 건 곧 우리나라를 무방비 상태로 내버려두자는 주장과 같아.

36 다음과 동일한 오류를 범하고 있는 것을 고르면?

> 수소와 산소는 기체이다. 따라서 수소와 산소가 결합하여 생성된 물도 기체이다.

① 오래된 술일수록 맛도 좋고 향기도 진하듯, 지식도 오래된 지식이라야 더 가치가 있어.
② 둥근 천장에 붙어 있는 유리들이 모두 삼각형이네. 그러니 천장 전체도 삼각형이야.
③ 이 소설은 예술적 가치가 있는 작품임에 틀림없어. 출간된 지 한 달 만에 10만 부 이상 팔렸거든.
④ 내가 알기로 그는 부자가 아니야. 그렇다면 그는 가난뱅이임에 틀림없어.

37 다음 밑줄 친 부분에 들어갈 문장으로 가장 적절한 것은?

> 장미를 좋아하는 사람은 감성적이다.
> 백합을 좋아하는 사람은 노란색을 좋아하지 않는다.
> 감성적인 사람은 노란색을 좋아한다.
> 그러므로, _____

① 장미를 좋아하는 사람은 노란색을 좋아하지 않는다.
② 백합을 좋아하는 사람은 감성적이다.
③ 감성적인 사람은 백합을 좋아하지 않는다.
④ 감성적인 사람은 장미를 좋아한다.

38 다음 밑줄 친 부분에 들어갈 문장으로 가장 적절한 것은?

> 등산을 좋아하는 사람은 민첩하고, 리더십이 있다.
> 웃음이 많은 사람은 민첩하다.
> 활동적인 사람은 등산을 좋아한다.
> 그러므로, _____

① 등산을 좋아하는 사람은 웃음이 많지 않다.
② 리더십이 없는 사람은 활동적이지 않다.
③ 민첩하지 않은 사람은 활동적이다.
④ 웃음이 많지 않은 사람은 민첩하지 않다.

39 A, B, C, D, E 5명의 성별에 대한 정보가 다음과 같을 때, 반드시 참이 아닌 것은?

> • A가 여성일 경우, B와 C는 남성이다.
> • C가 남성일 경우, B와 E는 남성이다.
> • B 또는 D는 여성이다.
> • E는 여성이다.

① D가 남성이라면, 5명 중 남성은 2명이다.
② B가 남성이라면, 5명 중 여성은 3명이다.
③ D가 여성이라면, 5명 중 남성은 1명이다.
④ C와 E는 여성이다.

40 다음 내용을 참고했을 때, 나영이 선택한 과목으로 적절한 것은?

> • 가영, 나영, 다영, 라영은 각자 보충수업으로 서로 다른 과목을 선택한다.
> • 과목은 국어, 영어, 수학, 과학이다.
> • 가영은 국어를 선택하지 않았다.
> • 나영은 다영이 수학을 선택하였다고 한다.
> • 라영은 과학을 선택했다.

① 영어   ② 수학
③ 국어   ④ 과학

41 다음 밑줄 친 부분에 들어갈 문장으로 가장 적절한 것은?

> 9시에 출근하는 사람은 회사원이 아니다.
>
> _____
>
> 지각을 한 사람은 버스를 탄 사람이다.
> 그러므로, 회사원이면 지각을 하지 않는다.

① 9시에 출근을 하지 않으면 버스를 타지 않는다.
② 버스를 타지 않은 사람은 9시에 출근하지 않는다.
③ 버스를 탄 사람은 회사원이 아니다.
④ 버스를 탄 사람은 9시에 출근하지 않는다.

42 다음 밑줄 친 부분에 들어갈 문장으로 가장 적절한 것은?

> 크지 않은 사과가 맛있다.
> 맛이 없는 사과는 껍질이 두껍다.
> 빨간 사과는 맛이 없다.
> 그러므로, _____

① 빨간 사과는 크지 않다.
② 껍질이 두꺼운 사과는 맛이 없다.
③ 크지 않은 사과는 빨갛지 않고, 껍질이 두꺼운 사과는 크다.
④ 빨간 사과는 껍질이 두껍고, 크지 않은 사과는 빨갛지 않다.

43 학급에서 1등~5등을 차지한 학생인 갑, 을, 병, 정, 무가 자신의 학급 순위에 대해 다음과 같이 이야기했을 때, 이들의 순위에 대한 설명으로 틀린 것은?

> 갑: 나는 3등이나 4등은 아니야.
> 을: 난 1등이나 3등은 아니야.
> 병: 나는 갑보다는 등수가 낮지만 을보다는 등수가 높아.
> 정: 나는 을, 무보다는 등수가 낮아.
> 무: 내 앞 순위에 2명 이상이 있어.

① 병보다 등수가 높은 사람은 1명이다.
② 무는 4등이 될 수 있다.
③ 정이 5등이다.
④ 을은 3등이 될 수 없다.

44 다음 중 제시된 조건을 바탕으로 바르게 추론한 것은?

> • 된장찌개, 김치찌개, 순두부찌개가 있다.
> • 갑, 을, 병, 정은 세 가지 메뉴 중 하나를 선택했다.
> • 세 가지 메뉴는 모두 선택되었다.
> • 갑은 된장찌개를 선택했다.
> • 을은 혼자 김치찌개를 선택했다.
> • 병과 정은 서로 다른 메뉴를 선택했다.

① 병은 순두부찌개를 선택했다.
② 병은 된장찌개를 선택했다.
③ 순두부찌개를 선택한 사람은 한 명이다.
④ 갑과 정은 서로 다른 메뉴를 선택했다.

45 다음 밑줄 친 부분에 들어갈 문장으로 가장 적절한 것은?

> 어떤 여학생은 테니스를 좋아한다.
> 어떤 남학생은 테니스를 좋아한다.
> 모든 남학생은 농구를 좋아한다.
> 그러므로, _____

① 모든 여학생은 농구를 좋아하지 않는다.
② 어떤 남학생은 테니스와 농구를 모두 좋아한다.
③ 어떤 남학생은 테니스와 농구를 모두 좋아하지 않는다.
④ 모든 여학생은 테니스를 좋아한다.

46 NH본점에 근무하는 박 사원이 지점 X와 Y를 방문한 후 복귀하려고 한다. 다음 제시된 교통편과 가격을 참고할 때, 최소 비용일 때의 교통편과 비용, 최대 비용일 때의 교통편과 비용을 올바르게 짝지은 것은?

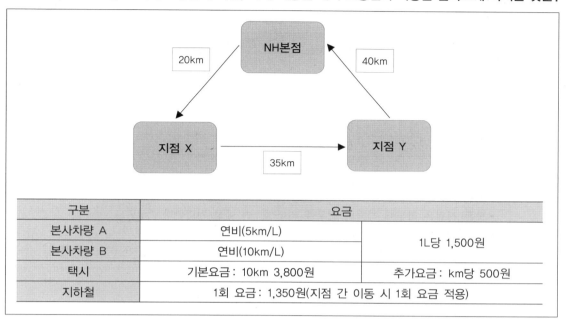

구분	요금	
본사차량 A	연비(5km/L)	1L당 1,500원
본사차량 B	연비(10km/L)	
택시	기본요금 : 10km 3,800원	추가요금 : km당 500원
지하철	1회 요금 : 1,350원(지점 간 이동 시 1회 요금 적용)	

	최소 비용	최대 비용
①	본사차량 B 14,250원	본사차량 A 28,500원
②	본사차량 B 14,250원	택시 46,300원
③	지하철 4,050원	본사차량 A 28,500원
④	지하철 4,050원	택시 46,300원

47 다음은 농협 ○○지점에서 근무하는 직원 갑, 을, 병, 정, 무의 업무유형별 평균 고객 상담시간이다. 아래의 〈조건〉을 참고했을 때, 옳은 설명은?

평균 고객 상담시간

구분	출납	계좌개설	기업대출	가계대출
갑	5분	20분	60분	40분
을	5분	15분	50분	35분
병	8분	27분	40분	45분
정	3분	12분	45분	30분
무	5분	25분	50분	35분

┌ 조건 ┐
- 직원들의 하루 근무시간은 8시간으로 한다.
- 모든 직원은 하루에 각각의 업무를 최소 한 번 이상 처리한다.
- 한 명의 고객을 두 명 이상의 직원이 동시에 상담할 수 없다.
- 먼저 온 고객과의 상담이 끝나고 다음 고객과의 상담까지 대기시간은 0분으로 한다.

① 직원 갑이 하루에 응대할 수 있는 최대 고객 수는 73명이다.
② 계좌개설 업무를 제외한 업무별 평균 고객 상담시간이 동일한 직원은 을과 무이다.
③ 모든 직원들은 기업대출 관련 상담 업무에 가장 긴 시간을 보낸다.
④ 각 업무마다 한 명의 고객만을 상담하는 경우 2시간 이상이 걸리는 직원은 한 명이다.

48 ○○사 임 사원은 최 부장에게 다음 주 월요일에 1시간 정도의 인사팀 주간회의를 잡으라는 업무 지시를 받았다. 다음 주 인사부서 직급별 스케줄표를 확인하여 최대한 많은 인원이 참석할 수 있는 시간대를 골라야 한다. 만약 모든 인원이 참석하지 못할 경우엔 직급이 높은 임직원의 참석을 우선적으로 고려해야 한다고 할 때, 가장 적절한 회의 시간은 언제인가?

월요일 인사팀 직급별 주요 일정

시간대 \ 직급	상무	부장	차장	과장	대리	사원
09:00~10:00	임·직원 회의	출장		대리점 방문		대리점 방문
10:00~11:00			거래처 미팅		거래처 미팅	
11:00~12:00						
12:00~13:00						
13:00~14:00	바이어 미팅			시장조사		
14:00~15:00		인사팀 회의 준비			인사팀 회의 준비	
15:00~16:00						프로젝트 기획안 작성 및 회의 준비
16:00~17:00		프로젝트 기획안 작성		프로젝트 기획안 작성		
17:00~18:00	일일 결산					

① 10:00~11:00
② 11:00~12:00
③ 12:00~13:00
④ 15:00~16:00

49 S전자는 새로운 헤드폰을 출시하면서 출시기념회를 진행하고자 한다. S전자 기획부가 다음과 같은 계획안을 가지고 장소를 선정하려 할 때, 출시기념회가 진행되기에 가장 적합한 장소는?

□ 출시기념회 계획안
• 장소: 미정
• 초청 인원: 100명
• 진행 시간
  − 설명회: 2시간
  − 제품 시연 및 체험: 2시간
  − 저녁식사: 2시간
• 필요시설
  − 대형스피커 청음 가능한 방음부스
  − 개인헤드폰 청음 테이블
  − 멀티미디어 장비(포인터, 스크린 등)

□ 선정 대상 비교표

장소	시설			저녁식사	
	멀티미디어 시설	청음 시설		가격(1인)	품질
		방음부스	청음테이블		
가	○	×	○	17,000	中
나	×	○	○	13,000	中
다	○	○	○	18,500	上
라	○	○	○	15,000	中
마	○	○	×	20,000	上

※ 우선순위는 다음과 같다.
1. 청음 시설
2. 멀티미디어 시설
3. 저녁식사의 가격 및 품질(단, 한 단계 위 품질이라면 1인당 2,000원까지 추가 지불이 가능하다.)

① 가   ② 나
③ 다   ④ 라

50 다음은 박 차장과 정 사원의 대화 내용이다. 이 대화를 보고 정 사원이 발표 준비를 끝내지 못한 이유에 대해 가장 적절하게 지적한 것은?

8월 12일(월)

박 차장: 지 사원, 이번 ○○프로젝트의 발표 준비를 맡겨보려고 하는데, 가능하겠어요?

정 사원: 네, 차장님. 할 수 있습니다.

박 차장: 언제까지 할 수 있을까요?

정 사원: 다음 주 금요일까지면 완료할 수 있을 것 같습니다.

박 차장: 다음 주 금요일이요? 정말 그때까지 가능하겠어요?

정 사원: 네, 할 수 있습니다.

박 차장: 그럼 다음 주 금요일까지 부탁해요.

8월 23일(금)

박 차장: 정 사원, 저번 주에 얘기했던 발표 준비는 끝났나요?

정 사원: 아, 차장님. 죄송합니다. 생각보다 시간이 많이 부족해서 아직 완료하지 못했습니다.

박 차장: 음, 오늘까지 할 수 있다고 약속하지 않았나요? 혹시 무슨 어려움이 있었나요?

정 사원: 아닙니다. 발표 준비 이외에 생각보다 해야 할 잡일들이 많았습니다. 제가 미처 생각하지 못한 부분이라서… 죄송합니다.

박 차장: 정 사원, 우리 부서가 회사 특성상 맡은 일 이외에도 다른 업무들이 많다는 것을 몰랐나요?

정 사원: 네, 알고 있었습니다만… 이런저런 업무들을 처리하다 보니 발표 준비를 완벽히 끝내지 못했습니다.

박 차장: 그렇지만 약속한 기한이 늦어버렸네요.

정 사원: 기한을 일주일만 연장해 주시면 반드시 완성하겠습니다.

박 차장: 정말인가요? 일주일만 더 주면 가능한가요?

정 사원: 네, 반드시 끝내겠습니다.

8월 30일(금)

역시나 정 사원은 약속한 날까지 발표 준비를 완료하지 못했다. 박 차장은 실망감을 감출 수가 없었고, 정 사원은 자책하며 자신의 지난 시간을 되짚어보았다. 분명히 지난 2주 동안 발표 준비에 엄청난 시간을 할애했음에도 불구하고 준비가 생각보다 계획대로 진행되지 않았음을 느꼈다. 정 사원은 발표 준비 이외에 다른 잡일들이 많아서였다고 스스로를 위로하며 발표 준비를 마무리하는 데 열을 올렸다.

---

① 정신적인 여유를 갖지 않고 너무 일에만 시달렸다.

② 정 사원이 낮은 직급이어서 그런지 아무에게도 도움 요청을 하지 못했다.

③ 박 차장이 정 사원의 업무량을 고려하지 않고 발표 준비를 지시했다.

④ 발표 준비 시간만을 고려하여 적절하게 시간 관리를 하지 못했다.

51 다음 중 ○○사의 김 사원이 ㉠처럼 낭비되는 자원을 줄이기 위해 한 행동으로 적절하지 않은 것은?

> 자원을 낭비하게 되는 요인은 기본적으로 4가지로 분류할 수 있는데, 그중 하나는 ㉠ 자원을 활용할 때 자신의 편리함을 최우선적으로 추구하는 것이다. 예를 들어 종이컵과 같은 일회용품의 잦은 사용, 할 일 미루기, 약속 불이행 등이 해당된다. 이러한 행동은 물적자원뿐만 아니라 시간과 돈의 낭비를 초래할 수 있으며, 주위의 인맥까지도 줄어들게 만든다.

① 회사에 항상 개인 나무 숟가락과 젓가락을 챙겨서 일회용품의 사용을 줄였다.
② 친구와 만나기로 한 약속을 지키기 위해 미리 회사 업무를 마무리하였다.
③ 내일까지 맡은 일을 처리해야 하지만 다른 업무로 바쁘다는 핑계를 대고 일정을 미뤘다.
④ 프로젝트를 진행할 때 계획을 세워서 정해진 일정 안에 업무를 마무리할 수 있었다.

52 다음 중 농협의 미래상으로 옳지 않은 것은?
① 국민의 농협　　　　　　　　② 농민의 농협
③ 농축협 중심의 농협　　　　　④ 미래세대의 농협

53 다음 중 농협의 슬로건으로 옳은 것은?
① 지역발전, 농축협 성장 농협이 만들어 갑니다.
② 농축협 중심, 농산업 선도 농협이 만들어 갑니다.
③ 희망농업, 행복농촌 농협이 만들어 갑니다.
④ 세계 속의 농협, 벽화와 혁신 농협이 만들어 갑니다.

54 다음 중 농업의 혁신전략으로 옳은 것은?
① 농업인·국민과 함께 '농사같이(農四價値) 운동' 전개
② 중앙회 지배구조 혁신과 지원체계 고도화로 '조직문화 혁신'의 농협 구현
③ '디지털 경쟁력'으로 미래 농산업 선도, 농업소득 향상
④ '미래경영'과 '금융부문 혁신'을 통해 새로운 농협으로 도약

55 다음 농협의 커뮤니케이션 브랜드에 대한 설명으로 옳지 않은 것은?

① 고객과의 커뮤니케이션을 위해 농협의 이름과는 별도로 사용되는 영문 브랜드이다.
② 'NH'는 농협 영문자의 머리글자이면서 자연과 인간의 조화, 새로운 희망과 행복을 상징적으로 표현한다.
③ NH Wave는 인간과 자연을 위한 새로운 물결 상생, 화합, 조화+변화, 혁신 새로운 바람을 상징한다.
④ 색상은 파란색, 녹색, 노란색으로 이루어지는데, 이 중 녹색은 풍요로운 생활의 중심, 근원이 되는 농협의 이미지 계승을 표현한다.

56 다음은 M그룹 사원들이 조직의 업무배정방법에 대해 대화한 내용이다. 이때 옳은 내용을 말한 사람끼리 묶인 것은?

> A : 조직의 업무배정은 조직을 가로로 분할하는 것을 의미해.
> B : 실제로 업무배정을 할 때는 일의 동일성이나 유사성, 관련성에 따라 배정하는 경우가 많아.
> C : 업무를 배정할 때 각각의 업무들이 동시간대에 해야 되는 일인지도 고려해야 해.
> D : 업무를 배정할 때 일의 성격이 완전히 같다면 오히려 다른 그룹으로 묶어 배정하는 것이 더 효과적이야.

① A
② A, D
③ A, B
④ B, C

57 다음은 ○○사의 조직특징에 관해 작성한 표이다. 이때 표의 빈칸에 들어갈 내용으로 알맞은 것은?

경영목적	세계최고 수준의 전자제품 회사 달성
인적자원	전체 구성원 수 : 1,032명 관리자 수 : 80명
자금	작년 총 수입 : 10,234,568,000원 작년 총 지출 : 6,728,032,000원
경영전략	마케팅팀 : 최고의 기술력을 보여줄 수 있는 광고제작
	인사관리팀 : 직장만족도 증가를 위한 교육
	재무관리팀 : 연구비 투자비율 증가
	생산관리팀 : ( )

① 외국 마트와 백화점 내 상품 점유율 증가
② 회사 홈페이지 개편
③ 제품 불량률 3% 이하 달성
④ 신제품의 시장 경쟁력 강화

58 다음은 ○○은행 기획재정부의 지출결의 결재규정에 대한 자료이다. 박 주임이 ○○사업을 진행하는 데 필요한 예산을 편성 받으려고 지출결의서를 제출했을 때, 결재규정에 따라 박 주임이 제출할 결재 양식으로 옳은 것은?

NO	지출결의 목록	기안 및 전결권자				대표이사
		담당자		부장	전무	
		실무	팀장			
1	외부 업체 협력, 중장기계획수립	기안				○
2	교육관리, 국내외 교류	기안		○		
3	연구개발, 중장기 발전전략 개발	기안	○			
4	예산편성, 상품관리	기안			○	
5	조직성과관리, 종합성과평가 시스템 운영	기안				○

※ 전결 사항은 전결권자 이하 직책자의 결재를 받아야 한다.
※ 전결권자는 결재란에 '전결' 표시를 한 뒤, 서명하여야 한다.

①

결재	담당	팀장	부장	전무	사장
	박 주임	정 팀장	전결	/	/

②

결재	담당	팀장	부장	전무	사장
	박 주임	정 팀장	최 부장	김 전무	전결 /

③

결재	담당	팀장	부장	전무	사장
	박 주임	/	/	전결 김 전무	/

④

결재	담당	팀장	부장	전무	사장
	박 주임	정 팀장	최 부장	전결 김 전무	/

59 다음은 마이클 포터의 경영전략에 대한 내용이다. 이때 ㉠~㉣에 대한 설명으로 옳지 않은 것은?

구분		전략적 우위	
		차별화	원가우위
집중화	유	㉠	㉡
	무	㉢	㉣

① ㉢의 경우 산업 전체를 대상으로 자사의 상품을 고객들로 하여금 가치 있고 독특하다고 인식하도록 만드는 전략을 뜻한다.

② ㉠은 산업의 특정 부문에 한정하여 차별화전략을 실시하는 것을 말한다.

③ ㉠과 ㉡은 산업의 특정 부분에 대해서 실시하는 전략이고, ㉢과 ㉣은 산업 전체에 대하여 실시하는 전략이다.

④ ㉣은 소량생산 및 새로운 생산기술을 개발함으로써 달성할 수 있다.

60 인천 지역농협에 근무하는 박 과장은 뛰어난 업무능력을 보이고 있으며, 농협 내의 대학 동기 모임, 사내 직급별 모임, 동호회 모임까지 활발하게 활동하고 있다. 이 덕분에 직장 내 모든 사람들과 친분을 맺고 있는 그는 다른 팀의 업무의 고충까지 잘 이해할 수 있게 되어 이번에 다른 팀과의 갈등이 있었을 때 특유의 친화력과 이해심을 발휘하여 문제를 해결할 수 있었다. 이때 사내에서 박 과장의 활동은 어떤 경영자의 역할에 가까운가?

① 정보적 역할
② 관리적 역할
③ 의사결정적 역할
④ 대외적 역할

지역농협
6급

직무능력평가

박문각

지역농협
6급

직무능력평가
봉투모의고사

/

4회

박문각

제4회 직무능력평가

(70문항 / 70분)

01 다음 단어와 의미가 가장 비슷한 단어는?

> 거스름돈

① 우수리
② 알돈
③ 속가름
④ 품돈
⑤ 마수걸이

02 다음 중 맞춤법이 옳은 문장은 모두 몇 개인가?

> • 그렇게 큰일을 치뤘으니 몸살이 나지.
> • 한약을 다리자 약 냄새가 온 집안에 퍼졌다.
> • 며칠 동안 오던 비가 그치더니 날이 개여 화창하다.
> • 왠일로 이렇게 일찍 일어났니?
> • 그는 배가 고파 자장면 곱배기를 시켰다.

① 없음
② 1개
③ 2개
④ 3개
⑤ 4개

03 다음 중 맞춤법에 맞지 않는 문장은?

① 하마터면 큰 사고로 이어질 뻔했다.
② 손님을 섭섭지 않게 대접해라.
③ 이 반지는 할머니로부터 대물림으로 받은 소중한 물건이다.
④ 아버지의 사업 실패로 집안이 풍비박산이 났다.
⑤ 이 일 저 일 건들였지만, 하는 일마다 흐지부지되었다.

04 다음 중 밑줄 친 부분의 띄어쓰기가 옳은 문장은 모두 몇 개인가?

> ㉠ 방바닥이 얼음장<u>같이</u> 차갑다.
> ㉡ 그는 친구와 <u>같이</u> 사업을 시작하기로 했다.
> ㉢ 너는 매일<u>같이</u> 지각하는구나!
> ㉣ 눈 <u>같이</u> 흰 피부를 유지하려 애썼다.

① 없음
② 1개
③ 2개
④ 3개
⑤ 4개

05 다음 중 띄어쓰기가 옳은 문장은 모두 몇 개인가?

> ㉠ 10만 원대에서 선물을 고르려고 한다.
> ㉡ 김철수 씨에게 이 상을 수여합니다.
> ㉢ 온라인 상에서도 최소한의 예절을 지켜야 한다.
> ㉣ 옆집 영희는 얼마나 부지런한 지 몰라.

① 없음
② 1개
③ 2개
④ 3개
⑤ 4개

06 다음 상황에 어울리는 사자성어로 가장 적절한 것은?

> △△시 주민들은 공원이 들어서기로 했던 공공부지에 시청사를 이전할 것이라는 시장의 계획에 반발하고 나섰다. 기존 시청 건물이 낡기는 하였어도 접근성이 좋은 곳에 위치하고 있고 새로 옮긴다는 공공부지보다 기존 부지가 많이 좁지도 않기 때문이다. 주민들은 여러 차례 시청사 이전에 대한 반대 의사를 밝히고 계획의 백지화를 요구하였으나, 시장 측은 시청사 이전 계획을 그대로 추진한다는 입장을 고수하고 있다.

① 가담항설(街談巷說)
② 호사다마(好事多魔)
③ 마이동풍(馬耳東風)
④ 고장난명(孤掌難鳴)
⑤ 호가호위(狐假虎威)

07 다음 상황에 어울리는 사자성어로 가장 적절한 것은?

> 과학자가 이룩한 물질문명은 인류에게 풍요로움과 편리함을 제공한 동시에 환경오염 문제를 안겨주었다. 환경오염 문제를 만든 것도 과학자이지만, 이를 해결해 낼 방안을 제시할 능력과 책임 또한 과학자에게 있다.

① 부화뇌동(附和雷同) ② 중과부적(衆寡不敵)
③ 주마간산(走馬看山) ④ 간난신고(艱難辛苦)
⑤ 결자해지(結者解之)

08 다음 사자성어 중 나머지와 의미가 다른 하나는?

① 면종복배(面從腹背) ② 권상요목(勸上搖木)
③ 표리부동(表裏不同) ④ 양두구육(羊頭狗肉)
⑤ 환난상휼(患難相恤)

09 다음 중 밑줄 친 부분이 맞춤법에 맞는 것을 모두 고르면?

> 재작년 우리 부모님께서는 모든 재산을 ㉠ 떨어먹고 도망가셔서 나는 근처에 살고 계시는 ㉡ 삼촌과 함께 살게 되었다. 삼촌께서는 ㉢ 사글세 단칸방에서 살고 계셨지만 나를 친아들처럼 보살펴 주셨다. 나는 열심히 일하고 계시는 삼촌께 시원한 ㉣ 미숫가루를 가져다드렸다. 나의 ㉤ 바람은 삼촌을 도와 열심히 일해서 ㉥ 숫소 한 마리를 갖는 것이다.

① ㉠, ㉡, ㉣ ② ㉠, ㉢, ㉣, ㉤
③ ㉡, ㉢, ㉤ ④ ㉠, ㉡, ㉢, ㉣
⑤ ㉡, ㉢, ㉣, ㉤

10 다음 중 제시된 어휘들과 공통적으로 관련되는 단어를 고르면?

> 오종종하다   오동통하다   땅딸막하다

① 작다 ② 짧다
③ 굵다 ④ 둥글다
⑤ 촘촘하다

11 다음 단어 간 관계와 그 관계가 다른 하나는?

미흡 : 미비

① 단초 : 증거   ② 무시 : 묵살

③ 틈 : 겨를   ④ 재능 : 기량

⑤ 미쁘다 : 미덥다

12 다음 중 '대수롭지 않게 여겨 건성으로 하는 대답'을 이르는 말은?

① 떠세   ② 코대답

③ 뎅걸뎅걸   ④ 귀잠

⑤ 쌩이질

13 다음의 밑줄 친 단어와 가장 유사한 의미로 쓰인 것은?

오늘 저녁에는 감자를 <u>쪄서</u> 먹자.

① 아버지는 청솔가지를 한 짐 <u>쪄</u> 왔다.

② <u>찌는</u> 더위 속에서 한참을 걸었더니 어지럽다.

③ 할머니는 곱게 머리를 빗어 쪽을 <u>찌고</u> 계셨다.

④ 나는 <u>찐</u> 살을 빼기 위해 매일 운동을 한다.

⑤ 밀물이 <u>찌고</u> 나면 조개를 캐러 갈 수 있다.

14 다음 단어에서 연상되는 것은?

> 강감찬 팔만대장경 귀주대첩 공민왕

① 고구려   ② 신라
③ 신라   ④ 발해
⑤ 고려

15 다음 중 신라의 골품제도에 관한 설명으로 옳지 않은 것은?

① 신라시대의 전통적인 신분제도로, 신라가 중앙집권국가가 되면서 성립되었다.
② 신분에 따라 관계 진출에 제약이 있었다.
③ 골품제는 성골, 진골의 골족과 6~1두품의 두품층으로 구성되었다.
④ 6두품의 경우 '아찬'까지 오를 수 있었다.
⑤ 진골은 왕이 될 수 있는 최고 신분으로, 진덕여왕을 마지막으로 사라졌다.

16 다음 중 성질이 다른 하나는?

① 악어   ② 도마뱀
③ 이구아나   ④ 개구리
⑤ 거북

17 다음 단어에서 연상되는 것은?

> 쥐불놀이 부럼 오곡밥 더위팔기

① 정월대보름   ② 한식
③ 단오   ④ 추석
⑤ 동지

18 다음 중 성격이 다른 하나는?

① 카스트라토   ② 라보엠
③ 프리마돈나   ④ 팬터마임
⑤ 아리아

19 다음 단어에서 연상되는 것은?

첩지 갓 조바위 족두리

① 모자   ② 머리
③ 장신구   ④ 비녀
⑤ 겨울

20 다음 문장들을 순서대로 가장 적절하게 배열한 것은?

㉠ 조선 시대 백성들이 억울함과 원통함을 호소할 수 있는 통로로 신문고와 상언, 격쟁이 있었는데, 이 중 신문고는 억울한 일을 당한 백성들이 북을 쳐서 왕에게 직접 호소할 수 있도록 한 것이다.
㉡ 신문고를 치면 의금부의 관원이 왕에게 보고하였으며, 보고된 사안에 대해 왕이 지시를 내리면 해당 관청에서는 5일 안에 처리해야 했다. 신문고를 친 사람의 억울함이 사실이면 이를 해결해 주었고, 거짓이면 엄한 벌을 내렸으며, 그 일과 관련된 담당 관원에게는 철저하게 책임을 물었다.
㉢ 그러나 아무 때나 신문고를 칠 수 있는 것은 아니었다.
㉣ 보고를 받은 관리는 사유를 확인하여 역모에 관한 일이면 바로 신문고를 치게 하였다. 그러나 정치의 득실이나 억울한 일에 대해서는 절차를 밟았다는 확인서를 조사한 다음에야 북 치는 것을 허락했다.
㉤ 신문고를 치고자 하는 사람은 그것이 설치된 의금부의 당직청을 찾았다. 그러면 신문고를 지키는 영사(令史)가 의금부 관리에게 이 사실을 보고했다.
㉥ 서울에 사는 사람들은 먼저 담당 관원에게 호소해야 했다. 그래서 해결이 되지 않으면 사헌부를 찾아가고, 그래도 해결이 되지 않을 때에야 비로소 신문고를 칠 기회가 주어졌다. 지방에 사는 사람들도 고을 수령, 관찰사, 사헌부의 순으로 호소한 후에도 만족하지 못하게 되면 신문고를 칠 기회가 주어졌다.

① ㉠ - ㉤ - ㉥ - ㉢ - ㉣ - ㉡
② ㉠ - ㉢ - ㉥ - ㉤ - ㉣ - ㉡
③ ㉠ - ㉢ - ㉡ - ㉤ - ㉣ - ㉥
④ ㉤ - ㉡ - ㉠ - ㉢ - ㉥ - ㉣
⑤ ㉤ - ㉢ - ㉥ - ㉡ - ㉣ - ㉠

21 다음 글의 내용과 일치하지 않는 것은?

일상생활에서 한 사람의 경제활동은 다른 사람의 경제활동에 영향을 주기 마련이고 이러한 영향은 대부분 시장가격에 반영된다. 그러나 어떤 사람의 경제활동이 뜻하지 않게 다른 사람에게 혜택이나 손해를 주는데도 이것이 가격에 반영되지 않는 경우도 있다. 예를 들어 자동차를 운전하고 다니는 사람들은 길거리에 배기가스를 배출한다. 또한 상품을 생산하는 공장에서는 악취를 유발할 수 있다. 이처럼 의도하지는 않았지만 제삼자에게 영향을 끼치고도 이에 대해 대가를 받지도 치르지도 않는 것을 '외부효과'라 한다. 이는 시장 밖에 존재하기에 가격이 형성되지도 않고 시장가격에 반영되지도 않는다.

외부효과에는 앞서 들었던 사례처럼 부정적인 것도 있지만, 긍정적인 것도 있다. 매일 집 앞을 깨끗하게 청소해 놓는다면, 이로 인해 이웃 주민들은 깨끗한 길거리를 기분 좋게 걸을 수 있다. 새로 생긴 꽃집에서 매일 향기 그윽한 꽃들을 진열해 놓는다면 그 길을 다니는 사람들은 아무런 대가를 지불하지 않고 꽃향기를 맡을 수 있다. 이처럼 다른 사람에게 의도하지 않은 혜택을 주는 외부효과를 긍정적 외부효과라고 한다. 반대로 다른 사람에게 의도하지 않은 손해를 미치는 외부효과는 부정적 외부효과라 한다. 그런데 긍정적 외부효과와 부정적 외부효과는 시장 원리의 작동을 방해한다. 그 이유는 한 경제 주체가 다른 경제 주체에게 미치는 영향이 시장 또는 가격을 통해 적절하게 보상되지 않기 때문이다. 자가용 운전자는 매연을 배출하지만 도로 주변의 행인들에게 피해를 보상해 주지는 않는다. 소음이나 악취를 발생시키는 공장 관계자가 이로 인해 피해를 입는 인근 주민들에게 피해를 보상해 주지는 않는다. 마찬가지로 꽃향기로 사람들을 기분 좋게 하는 꽃집 주인에게 이웃 주민들이 보상을 해주지도 않는다. 그렇다 보니 부정적 외부효과는 대가를 지불하지 않기 때문에 사회적으로 바람직한 수준보다 많이 생산되고, 긍정적 외부효과는 대가를 받지 못하기 때문에 사회적으로 바람직한 수준보다 적게 생산된다.

이와 같은 자원의 비효율적 배분을 해결하기 위해서는 정부의 개입이 필요하다. 정부는 부정적 외부효과가 발생하는 경우 금지, 격리, 기준 설정, 세금 부과 등의 규제 방법을 사용한다. 예를 들어 공해 물질을 배출하는 기업에 오염 물질의 배출 허용량을 제한하거나, 환경오염세 같은 세금을 부과한다. 이 경우 기업은 생산비용이 증가하기 때문에 배출되는 공해의 양을 줄이려 노력할 것이다. 반대로 긍정적 외부효과가 발생하는 경우 보조금(지원금)이나 세금 혜택을 주어 장려한다. 사회에 많은 이익을 주는 조림사업을 활성화하기 위해 보조금을 지급하거나, 세금 혜택을 주는 경우가 이에 해당한다.

① 제삼자에게 영향을 주고 이에 대한 대가를 치르지 않거나 대가를 받지 않는 것을 외부효과라고 한다.

② 부정적 외부효과는 바람직한 수준보다 많이, 긍정적 외부효과는 바람직한 수준보다 적게 생산된다.

③ 긍정적 외부효과는 시장에 도움을 주지만, 부정적 외부효과는 시장 원리의 작동을 방해한다.

④ 조림사업 활성화에 보조금을 지급하는 것은 정부가 긍정적 외부효과를 장려하기 위해서이다.

⑤ 공해 물질을 배출하는 기업에 환경오염세를 부과하는 것은 자원의 비효율적 배분을 해결하기 위한 정부의 정책이다.

[22~23] 다음은 꽃 생활화 신화환 디자인 개발 공모전에 대한 안내문이다. 이를 보고 이어지는 물음에 답하시오.

☐ **추진목적**
- 꽃 소비촉진 활성화를 위해 100% 생화로 제작되는 신화환 이용 확산을 위한 다양한 형태의 신화환 디자인 모델의 개발·보급
- 신화환 홍보를 통한 꽃에 대한 소비자 인식개선 등

☐ **공모개요**
1. 공 모 명: 신화환 디자인 개발 공모전
2. 공모주제: '아름다움과 실용성을 갖춘 신개념 화환'
3. 추진기간: 2024. 3. 25.(월)~5. 12.(일)
    서류접수(3. 25.~4. 19.), 1차 심사 발표(4. 25.), 작품접수(4. 26.~5. 3.) 및 최종 심사(5. 6.),
    시상(5. 7.) 및 전시(5. 7.~5. 12.)
4. 주최/주관: 농림축산식품부 / (사)한국화훼생산자 협의회·(사)한국화원협회
5. 참가자격: 신화환 디자인 및 작품제작 전문성을 갖춘 자(개인)
6. 공모방법
    - 참가신청: 이메일을 통해 온라인 참가신청 접수(1차 서류심사를 통해 작품을 출품할 참가자 선정)
    - 작품출품: 1차 서류심사를 통과한 참가자는 본인이 직접 작품을 제작하여 전시 장소에 접수 및 제출
7. 전시 장소: K컨벤션센터
8. 시상: 4점(대상 1점, 최우수상 1점, 우수상 2점)
    서류평가를 통해 50점 출품 전시, 최종 심사를 통해 4점 시상

☐ **작품공모**
1. 홍보방법
    - 화훼 관련 단체 및 전국 화훼장식학과 개설 대학에 공문을 발송하여 대회 참가 희망자 추천 요청
    - 공사, 유관기관, 원예 및 장식관련 대학에 협조공문 발송 및 홈페이지(또는 배너) 게시
    - 화훼 관련 SNS와 블로그 등을 활용한 홍보 및 보도자료 배포
2. 공모분야: 축하화환, 근조화환
    - 1인 2작품(축하화환 1, 근조화환 1) 응모 가능
    ※ 출품비 지원: 본선 진출작 중 작품출품자 모두에게 인당 작품제작비 15만 원 지원
3. 공모방향
    - 화환사용 목적, 분위기, 이용자 수준에 맞게 화환을 디자인하고, 국민들이 신화환에 대해 관심을 갖도록 실용적인 화환 제작
    - 편의성과 대중성 있는 신개념 신화환 디자인 개발 및 제작

☐ **시상식**
- 2024. 5. 7.(화) 15시, K컨벤션센터 중앙홀
- 대상 1점, 최우수상 1점, 우수상 2점

구분	시상	작품 수	상금
대상	농림축산식품부 장관상	1	각 1백만 원
최우수상	농협중앙회장상	1	각 70만 원
우수상	협회장상	2	각 50만 원

☐ **출품작 활용 등 사후관리**
- 서류심사를 통과한 본선 출품작은 5. 6.~5. 12. K컨벤션센터에서 심사 및 전시·홍보 병행
- 전시 위치, 전시 방법 등은 추후 주최 측과 협의결정
- 출품작과 수상작은 도록(이름, 스토리 포함) 제작
- 작품 사진을 촬영하여 홍보자료로 활용
- 출품자에게 파손·도난에 대한 면책과 사용동의서를 제출받아서 출품작 관리·처분

22 다음 중 공모전 내용에 관한 설명으로 바르지 않은 것은?

① 공모전 추진 목적은 신화환 디자인 모델을 개발해 보급하기 위함이다.
② 서류평가를 통해 50점을 출품 전시하고, 최종 심사를 통해 4점의 작품에 대해 시상한다.
③ 신화환 디자인 및 작품제작 전문성을 갖춘 사람이면 누구나 참가할 수 있다.
④ 추진기간이 2024. 3. 25.(월)~5. 12.(일)이므로 5월 12일까지 작품을 제출해야 한다.
⑤ 서류심사를 통과한 참가자는 본인이 직접 작품을 제작하여 전시 장소에 접수 및 제출해야 한다.

23 다음 〈보기〉는 위 공모전 추진 담당자들이 공모전을 기획하면서 나눈 대화이다. 안내문에 바르게 반영되지 않은 것은?

┌─ 보기 ┐

팀   장 : '꽃 생활화 신화환 디자인 개발 공모전'을 실시하려고 하는데 어떻게 하면 좋을까?
팀원 A : 우선 서류심사를 통해 작품을 출품할 참가자를 선정하는 것이 좋을 것 같습니다. ……… ①
팀   장 : 그래. 그러면 1차 심사를 서류심사로 하면 되겠군.
팀원 B : 화훼 관련 단체나 전국 화훼장식학과 개설 대학에 공문을 발송하여 대회 참가 희망자를 추천
          받는 것도 좋을 것 같습니다. ……………………………………………………………… ②
팀   장 : 그래. 그것도 좋은 생각이네.
팀원 A : 작품 공모 분야는 축하화환과 근조화환으로 1인당 2작품 내에서 출품하도록 하는 것이 좋을
          것 같습니다. …………………………………………………………………………………… ③
팀원 B : 화환을 제작하는 데 드는 비용 때문에 출품작이 적을 것 같은데 출품작 모두 작품제작비를
          지원하면 어떻겠습니까?
팀   장 : 그렇게 하면 출품작도 많을 거고, 다양한 작품이 나올 수 있겠지. 1인 2작품씩이니까 지원하는
          데 큰 무리도 없을 것 같고. 좋아. 출품작당 15만 원씩 모두 지원하도록 하지. ………… ④
팀원 B : 시상은 어떤 방식으로 할까요?
팀   장 : 우선 대상, 최우수상, 우수상으로 나눠서 수상을 하는 게 좋을 것 같은데, 자네들 생각은 어떤가?
팀원 A : 네, 그렇게 하는게 좋겠습니다. 다만 수상 상금에는 차별을 두어 각각 대상 1점, 최우수상 1점,
          우수상 2점으로 선정하는 것이 예산에도 맞을 것 같습니다. …………………………… ⑤
팀   장 : 좋아. 본선 출품작은 예술의 전당에서 심사 및 전시하고 홍보도 병행하기로 주최 측과 합의가
          되었으니까 전시 위치, 전시 방법 등은 추후 주최 측과 협의해서 결정하도록 하고 논의된 내용
          으로 안내문을 작성해 보자고.

24 다음 글의 내용을 통해 알 수 없는 것은?

고대 그리스가 그 먼 옛날 문학, 철학, 예술, 과학 등 다방면에서 탁월한 경지에 이를 수 있었던 것은 그들이 시행한 전인교육의 영향이라 볼 수 있다. 물론 계급별이나 성별로 교육에 차별이 존재하는 한계가 있긴 했으나, 국가가 관리하는 학교라는 기관에서 문학과 기하학, 산수를 수준급으로 가르치면서 음악과 체육도 주력하였다. 또 가정에서의 역할 면에서 차별받긴 했지만 여성에게도 실제 사용되는 기술과 더불어 체력 단련 교육을 시행했다고 한다.

인간교육, 인본주의 교육이라고도 불리는 고대 그리스의 전인교육은 현대의 물질만능주의와 규격화된 제도에 따르는 인간소외현상을 비판하고, 지식 중심과 입시 위주의 교육을 반대하면서 다시 나타났다. 즉, 학교교육의 목적이 산업발달을 위해 교육의 효율성을 높이는 데 치중하는 것이 아니라 인간다운 사회를 창조해 갈 수 있는 인간교육이여야 한다는 것이다.

엄밀히 말하면 지식교육과 신체적 발달뿐만 아니라 학생의 정서, 성격, 행동, 가치관, 흥미, 대인관계 등의 능력을 향상시키는 데 초점을 두는 것이 전인교육이다. 인간은 지정의(知情意) 혹은 지덕체(智德體)의 여러 요소가 하나로 통정(統整)되어 전체적으로 반응하는 존재다. 따라서 지정의 혹은 지덕체의 학습은 따로 이루어지는 것이 아니라 유기적 관련을 갖고 상호작용한다. 따라서 교육은 개성적 존재로서의 인간을 존중하여 다양하면서도 균형 있게 이루어져야 하며, 인간의 신체적 성장, 지적 성장, 정서적 발달, 사회성의 발달을 조화시킴으로써 균형 잡힌 전일체(全一體)로서의 인간을 육성해야 한다. 그리고 바로 이러한 교육이념을 지향하는 것이 전인교육이다.

인간중심교육의 대표적 학자인 로저스(C. R. Rogers)는 이것을 완전히 기능하는 인간(fully functioning person)으로 정의하여 자아실현을 전인교육의 중요한 개념으로 제시했다. 또한 인본주의 심리학자인 매슬로(A. Maslow)는 개인의 재능·능력·가능성을 최대한으로 사용하고 계발하는 교육을 주장했고, 그러한 인간의 특성으로 자발성, 수용적 태도, 민주적 인격, 공동체적 감정, 창의성 등 14가지를 제시했다.

이러한 경향은 교육이 인성(人性)의 전체적인 발달을 도모해야 한다는 의식을 반영한 것이다. 따라서 인간의 지정의 혹은 지덕체를 전면적으로 계발한다고 하는 경우에도 이러한 구분은 임의적인 것이며, 중요한 것은 교육이 전인격(全人格)과 관련되어 있다는 인식이 필요하다. 현대사회의 전인교육에서는 이러한 관점에서 학습자의 능동적이고 주체적이며 창의적인 참여를 강조하고 있다. 따라서 학교상담과 생활지도는 이러한 전인교육을 기본정신으로 하고 있다.

① 역사가 흐르면서 요구되는 가치관에 따라 교육의 유형도 변화한다.
② 고대 그리스에서는 민주주의가 탄생한 만큼 차별 없는 교육권이 실현되었다.
③ 전인교육은 개인의 재능·능력·가능성을 최대한으로 사용하고 계발하는 교육이라 주장되었다.
④ 현대사회의 전인교육에서는 다양성과 균형을 중요시한다.
⑤ 현대의 전인교육은 현대의 인간소외현상을 비판하고 지식 중심과 입시 위주의 교육을 반대하면서 나타났다.

25 다음은 전문가의 농협에 대한 평가 내용이다. 이때 평가 내용을 이해한 것으로 적절하지 않은 것은?

□ **농협의 사업수행 정도를 신용사업, 마트사업, 공제사업 순으로 높게 평가**

연구원, 교수, 공무원 등 41명의 농업 관련 전문가를 대상으로 농협 사업에 대한 수행 정도를 5점 리커트 척도로 설문조사한 결과 농협 사업 가운데 신용사업을 가장 높게 평가하였으며, 다음은 마트사업과 공제사업 순으로 나타났다.

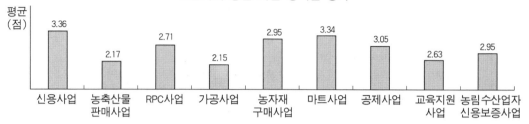

전문가의 농협 사업 영역별 평가

□ **판매사업 중에서 산지 유통기반 확충을 가장 중요한 것으로 인식**

농협의 사업 가운데에 농축산물 판매사업을 가장 중요하게 생각하고 있는 것으로 나타났으며 농축산물 판매사업 중에서는 산지 유통기반 확충을 가장 중요하게 인식하고 있는 것으로 나타났다.

전문가가 선정한 가장 중요한 농협의 사업

항목	비율(%)
신용사업	10.0
농축산물 판매사업	83.3
RPC사업	3.4
가공사업, 농자재 구매사업	0
마트사업, 공제사업	0
교육지원사업	3.3
농림수산업자 신용보증사업	0
합계	100

항목	비율(%)
산지 유통기반 확충	73.0
소비지 유통기능 강화	13.5
양곡사업	5.4
축산물 유통사업	5.4
인삼사업, 군납사업	0
농축산물 수출	0
창고/운송사업	2.7
합계	100

※ 무응답 제외

① 전문가들은 농협 사업 가운데 신용사업의 수행 정도를 가장 높게 평가하고 있다.
② 전문가들은 농협 사업 가운데 가공사업의 수행 정도를 가장 낮게 평가하고 있다.
③ 전문가들은 농협의 사업 가운데에 농축산물 판매사업을 가장 중요하게 생각하고 있다.
④ 전문가들은 농협의 사업 가운데에 교육지원사업을 가장 중요하지 않게 생각하고 있다.
⑤ 전문가들은 농축산물 판매사업 중에서 산지 유통기반 확충을 가장 중요한 요소로 생각하고 있다.

26 다음은 과종별 핵심 기술에 대한 설명이다. 이를 바탕으로 추론한 것으로 적절하지 않은 것은?

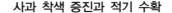

사과 착색 증진과 적기 수확

□ 반사필름 깔기는 마지막 약제를 살포한 다음 잎 따기와 가지를 제거한 후 중생종은 수확 15일 전을 기준으로, '후지' 등 만생종은 수확 30~40일 전에 깔아줌
  • 2중 봉지를 씌웠을 경우에는 속봉지까지 제거한 후 깔아야 효과를 높일 수 있음
  (너무 일찍 깔아주면 과일 데임 피해가 발생할 수 있음)

□ 잎따기와 과일 돌려주기는 과일 착색에 영향이 큰 중요한 작업임
  • 과일 주변 잎 따는 시기는 만생종 기준 1차 9월 하순, 2차 10월 상·중순이며 마무리 잎따기 및 과일 돌리기는 수확 5~7일 전에 실시함
  • 수확 20일~1개월 전에는 토양 수분이 적은 상태로 유지하는 것이 착색에 도움이 됨

□ 봉지 벗기기는 수확 40일 전에 실시하되, 2중 봉지의 경우 겉봉지를 벗긴 후 5~7일 뒤에 속봉지를 벗김
  • 봉지 벗기는 시간은 과일 온도가 기온과 비슷해지는 12시~14시 사이가 적당함

□ 장기 저장용 사과는 단기 저장용이나 즉시 판매용보다 다소 일찍 수확함
  • '후지' 품종의 수확 적기는 만개 후 180일에 도달하는 시기임
  • 성숙기에 기상이 서늘한 해안 지역에서는 착색이 빨라지므로 유의
  ('후지'의 경우 장기 저장용은 10월 20일~25일경, 단기 저장용이나 즉시 판매용은 10월 30일~11월 5일경에 수확함)

① 과목의 종류에 따라 반사필름을 까는 시기가 다르다.
② 반사필름 깔기는 사과 착색을 증진시키는 방법이다.
③ 적기에 반사필름을 깔지 않으면 피해를 입을 수도 있다.
④ 잎 따기와 과일 돌려주기는 과일 착색에 큰 영향을 줄 수 있다.
⑤ 봉지 벗기기는 수확 시기를 고려하여 한 번에 이루어져야 한다.

27 다음은 농협 임직원의 금지된 금품 등의 처리에 관한 규정이다. 다음 규정을 이해한 내용으로 적절하지 않은 것은?

□ 용어 등 정의
 1. 금품 : 금전(현금 및 상품권, 이용권 등 유가증권 포함), 선물(물품) 등을 말함
 2. 선물 : 대가 없이 제공되는 물품 또는 유가증권, 숙박권, 회원권, 입장권, 그 밖에 이에 준하는 것을 말함
 3. 향응 : 음식물, 골프 등의 접대 또는 교통·숙박 등의 편의를 제공하는 것
 4. 지역윤리경영책임관 : 영업본부장
 5. 윤리경영책임관 : 준법감시인

□ 이 지침에 위반하여 금품 등을 받는 임직원은 제공자에게 그 기준을 초과한 부분이나 받는 것이 금지된 금품 등을 즉시 반환하여야 한다. 이 경우 그 임직원은 증명자료를 첨부하여 그 반환 비용을 은행장에게 청구할 수 있다.

□ 반환하여야 하는 금품 등이 멸실·부패·변질 등의 우려가 있거나 그 제공자나 제공자의 주소를 알 수 없거나 제공자에게 반환하기 어려운 사정이 있을 때에는 즉시 지역윤리경영책임관 또는 윤리경영책임관에게 신고하여야 한다.

□ 신고를 받은 지역윤리경영책임관 또는 윤리경영책임관은 그 금품 등을 다음 각 호의 어느 하나의 기준에 의하여 처리할 수 있다.
 1. 부패·변질 등으로 경제적 가치가 없는 금품 등은 폐기처분
 2. 부패·변질 등으로 경제적 가치가 훼손될 우려가 있는 금품 등은 사회 복지시설 또는 공익단체 등에 기증
 3. 제1호 및 제2호 이외의 경우로써 다른 법률에 특별한 규정이 있는 경우를 제외하고는 사회복지시설 또는 공익단체 등에 기증
 4. 기타 은행장이 정하는 기준

□ (지역)윤리경영책임관은 반환 처리한 금품 등에 대하여 제공자 및 제공받는 자, 제공받은 금품, 제공 일시, 처리내용 등을 금품 등 접수 처리 대장에 기록·관리하고, 제공자에게 관련 사실을 통보하여야 한다. 다만 제공자의 주소를 알 수 없는 경우에는 통보하지 아니할 수 있다.

---

① 임직원은 기준을 초과하여 받은 금품에 대해서는 즉시 반환해야 하는구나.
② 윤리경영책임관은 반환 처리한 금품에 대한 처리 내용을 제공자에게 통보해야 하는구나.
③ 반환하여야 하는 금품 등을 제공한 사람이나 그 제공자의 주소를 알 수 없을 때에는 즉시 지역윤리경영책임관이나 윤리경영책임관에게 신고해야겠구나.
④ 임직원은 제공자에게 그 기준을 초과하여 받은 금품을 반환할 때 그 비용을 은행장에게 청구할 수 있구나.
⑤ 임직원은 기준을 초과하여 받은 금품을 반환하기 어려운 경우에는 사회 복지시설 또는 공익단체 등에 직접 기증할 수 있구나.

28 다음은 각 지역농협의 연도별 A물품의 신규 배치량에 관한 자료이다. 이에 대한 〈보기〉의 설명 중 옳은 것만을 모두 고르면?

연도별 A물품의 신규 배치량

지역농협＼연도	2021년	2022년	2023년	2024년
서울농협	3,000개	2,450개	2,000개	0개
충남농협	600개	520개	450개	450개
전북농협	0개	30개	350개	150개
합계	3,600개	3,000개	2,800개	600개

┌ 보기 ┐
ㄱ 2021~2024년 서울농협의 A물품 신규 배치량이 매년 지금보다 600개씩 더 많다면, 해당기간 서울·충남·전북농협 전체의 A물품 연평균 신규 배치량은 3,100개이다.
ㄴ 연도별 서울·충남·전북농협 전체의 A물품 신규 배치량 중 충남농협의 A물품 신규 배치량이 차지하는 비중이 가장 작은 해는 2022년이다.
ㄷ A물품 1개당 가격을 서울농협은 590만 원, 충남농협은 560만 원, 전북농협은 640만 원으로 매입하여 배치하였다면 서울·충남·전북농협 전체의 A물품 총 매입가격은 2021년이 2024년보다 낮다.

① ㄱ
② ㄴ
③ ㄱ, ㄴ
④ ㄱ, ㄷ
⑤ ㄴ, ㄷ

29 다음은 통근 시간에 따른 5개 지역 통근자 수의 분포를 나타낸 자료이다. 이에 대한 〈보기〉의 설명 중 옳은 것만을 모두 고르면?

통근 소요시간에 따른 지역별 통근자 수 분포

(단위: %)

지역＼소요시간	30분 미만	30분 이상 1시간 미만	1시간 이상 1시간 30분 미만	1시간 30분 이상 3시간 미만	합
A	30.6	40.5	22.0	6.9	100.0
B	40.6	32.8	17.4	9.2	100.0
C	48.3	38.8	9.7	3.2	100.0
D	67.7	26.3	4.4	1.6	100.0
E	47.2	34.0	13.4	5.4	100.0

※ 각 지역 통근자는 해당 지역에 거주하는 통근자를 의미함

┌ 보기 ┐
ㄱ 통근 소요시간이 1시간 미만인 통근자의 비중은 A~E지역 전체 통근자 수의 70% 이상이다.
ㄴ A~E 지역 중 통근 소요시간이 1시간 이상인 통근자의 수가 가장 많은 지역은 A이다.
ㄷ 통근 소요시간이 30분 이상인 통근자 수 대비 30분 이상 1시간 미만인 통근자 수의 비율이 두 번째로 높은 지역은 C이다.

① ㄱ
② ㄴ
③ ㄷ
④ ㄱ, ㄷ
⑤ ㄴ, ㄷ

30 다음은 ○○은행 △△지점의 대출상품별 정보와 고객명단을 나타낸 표이다. 이를 참고했을 때 Y부장, J대표, S사무관이 최대로 대출받을 수 있는 금액을 합하면 얼마인가?

대출상품별 정보

	상품명	대상	금리	한도
A	직장인신용대출	신용 1~5등급인 근로자 5인 이상 기업의 임직원	연 3.3%	1억 원
B	B – 뱅크론	신용 1~5등급	연 3.9%	5천만 원
C	공무원우대대출	신용 1~5등급 공무원, 군인, 교사	연 3.2%	2억 원
D	신바람대출	신용 1~2등급	연 3.5%	1억 5천만 원

고객명단

구분	신용등급	비고
Y부장	2	근로자 3천 명 규모 종합상사 재직
J대표	4	근로자 3인 기업 대표
S사무관	1	공무원

① 2억 원
② 2억 5천만 원
③ 3억 5천만 원
④ 4억 원
⑤ 4억 5천만 원

[31～32] 동민은 C카드를 사용하여 60만 원짜리 노트북을 구입하려 한다. 제시된 자료를 보고 이어지는 물음에 답하시오.

할부 수수료 계산

월납입액 = 할부원금 ÷ 할부기간(월단위)
(단, 이 경우 1원 미만의 금액은 첫회의 월납입액에 포함된다.)
총 할부 수수료 = [할부원금 × 수수료율 × (할부개월수 + 1) ÷ 2] ÷ 12
매달 할부 수수료 = 잔여원금 × 수수료율 ÷ 12
매달 지불액 = 월납입액 + 할부 수수료

---

31 다음 행사 내용에 따라 동민이 노트북을 6개월 무이자 할부로 구입한다면, 일반 할부 구매에 비해 얼마의 이득을 얻게 되는가?

> • C카드 이달의 행사 : 무이자 할부행사(50만 원 이상 상품 구매 시 6개월 또는 10개월 무이자 혜택)
> • 동민의 C카드 할부 수수료율 : 20%

① 120,000원 ② 83,000원
③ 50,000원 ④ 35,000원
⑤ 25,000원

32 동일한 상황에서 위의 행사내용이 다음과 같이 변경된다면 동민이 얻는 이득은 얼마인가? (단, 원 단위 미만은 절사한다.)

> • C카드 이달의 행사 : 부분 무이자 할부행사
> (50만 원 이상 상품 구매 시 6개월 또는 10개월 무이자 혜택, 첫 1~2개월 할부 수수료는 본인 부담)
> • 동민의 C카드 할부 수수료율 : 20%

① 35,000원 ② 25,000원
③ 16,665원 ④ 10,006원
⑤ 8,333원

33 다음 숫자배열의 규칙을 찾고 빈칸에 들어갈 알맞은 숫자를 구하면?

3   6   9   18   21   (   )   45   90   93

① 42
③ 36
⑤ 23

② 38
④ 24

34 다음은 일정한 규칙으로 나열한 수열이다. 이때, ?에 들어갈 숫자로 옳은 것은?

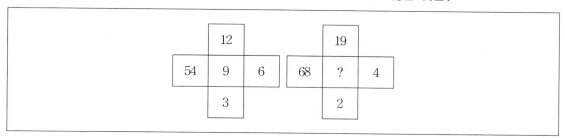

① 9
③ 17
⑤ 21

② 13
④ 19

35 다음은 일정한 규칙으로 나열한 문자열이다. 이때, 빈칸에 들어갈 알맞은 문자는?

ㄱ   ㅅ   ㄴ   (   )   ㄷ   ㅁ

① ㅂ
③ ㄹ
⑤ ㅋ

② ㅌ
④ ㅈ

36 두 실수 x, y에 대하여, $x+y=4$이고 $x^3+y^3=16$일 때, x^2+y^2은?

① 2   ② 4

③ 6   ④ 8

⑤ 10

37 $\sqrt{4\sqrt[3]{16\sqrt[4]{64}}}=2^k$일 때, k의 값은?

① $\dfrac{23}{6}$ ② $\dfrac{23}{12}$

③ $\dfrac{25}{12}$ ④ $\dfrac{25}{6}$

⑤ $\dfrac{27}{6}$

38 A는 문학책 한 권을 첫째 날에 70페이지, 둘째 날에 50페이지, 셋째 날에 80페이지, 넷째 날에 남은 페이지의 $\dfrac{3}{4}$을 읽었다고 한다. 문학책의 남은 페이지가 120페이지라고 할 때, 이 책의 총 페이지 수는?

① 640페이지   ② 650페이지

③ 660페이지   ④ 670페이지

⑤ 680페이지

39 어떤 업무를 처리하는 데 이 대리는 혼자서 6일, 강 사원은 혼자서 12일이 걸린다. 두 사람이 협업을 한다면 같은 업무를 며칠 만에 끝내겠는가?

① 1일   ② 2일

③ 3일   ④ 4일

⑤ 5일

40 1에서 9까지 적힌 숫자 카드 중에 2장을 뽑아 나온 두 수의 합이 짝수가 되는 경우의 수는?

① 15가지   ② 16가지

③ 17가지   ④ 18가지

⑤ 19가지

41 어느 과수원에서 사과와 배를 수확하는데, 작년 수확량은 두 과일을 합쳐서 500상자라고 한다. 올해 수확량은 작년에 비해 사과가 15% 증가하였고, 배는 10% 감소하여 총 8% 증가하였다고 할 때, 올해 사과 수확량은 몇 상자인가?

① 360상자   ② 385상자

③ 396상자   ④ 414상자

⑤ 423상자

42 남학생 8명, 여학생 6명인 학급이 있다. 이 중에서 3명의 대표를 선출할 때, 여학생이 적어도 1명은 대표로 뽑힐 확률은?

① $\dfrac{11}{13}$ ② $\dfrac{9}{13}$

③ $\dfrac{7}{13}$ ④ $\dfrac{6}{11}$

⑤ $\dfrac{7}{11}$

43 다음 ⊙~②이 참일 때, 반드시 참이 아닌 것은?

> ⊙ 영어를 잘하는 사람은 과학도 잘한다.
> ⓒ 명수는 영어를 잘한다.
> ⓒ 영어를 잘하는 사람 중 일부는 국어를 잘한다.
> ② 과학을 잘하는 어떤 사람은 수학을 잘한다.

① 명수는 수학을 잘한다.
② 명수는 과학을 잘한다.
③ 명수는 국어를 잘하지 않을 수도 있다.
④ 과학을 잘하지 않는 사람은 영어도 잘하지 않는다.
⑤ 영어를 잘하는 모든 사람이 국어를 잘하는 것은 아니다.

44 다음 ⊙~②의 진술이 참일 때, 반드시 참이 아닌 것은?

> ⊙ 축구를 좋아하지 않는 학생은 핸드볼도 좋아하지 않는다.
> ⓒ 야구를 좋아하는 학생은 핸드볼을 좋아하지 않는다.
> ⓒ 축구를 좋아하지 않는 학생은 농구도 좋아하지 않는다.
> ② 탁구를 좋아하지 않는 학생은 야구를 좋아한다.

① 야구를 좋아하지 않는 학생은 탁구를 좋아한다.
② 핸드볼을 좋아하는 학생은 탁구도 좋아한다.
③ 농구를 좋아하는 학생은 축구도 좋아한다.
④ 농구를 좋아하는 학생은 핸드볼도 좋아한다.
⑤ 핸드볼이나 농구를 좋아하면 축구도 좋아한다.

45 다음 ⊙~②의 진술이 참일 때, 반드시 참인 것은?

> ⊙ 다이어트를 하지 않는 사람은 음주를 한다.
> ⓒ 다이어트를 하는 사람 중 모두가 음주를 하는 것은 아니다.
> ⓒ 음주를 하지 않는 사람은 흡연을 하지 않는다.
> ② 음주를 하지 않는 사람은 채식을 한다.

① 흡연을 하는 사람은 다이어트를 한다.
② 음주를 하는 사람은 다이어트를 한다.
③ 채식을 하지 않으면 음주를 한다.
④ 음주를 하는 사람은 채식을 한다.
⑤ 음주를 하는 사람은 다이어트를 한다.

46 다음 ㉠~㉣이 참일 때, 반드시 참이 아닌 것은?

> ㉠ 인간이 노력하지 않는다면 인간은 한계에 부딪힌다.
> ㉡ 인간이 발전할 가능성이 없다면 인간은 노력하지 않는다.
> ㉢ 인간은 노력하는 존재이거나 꿈을 꾸는 존재이다.
> ㉣ 인간이 발전할 가능성이 없다면 꿈을 꾸는 존재가 아니다.

① 인간이 발전할 가능성이 없다면 한계에 부딪히지 않는다.
② 인간이 노력하는 존재가 아니라면 꿈을 꾸는 존재이다.
③ 인간이 한계에 부딪히지 않는다면 노력한다.
④ 인간이 꿈을 꾸는 존재라면 발전할 가능성이 있다.
⑤ 인간이 노력한다면 발전할 가능성이 있다.

47 ○○사는 사내 체육대회를 개최하여 기업 인재상에 가장 부합하는 활동을 보인 두 팀을 선정하여 포상하기로 하였다. 회장의 연설에 의거할 때, 포상을 받게 되는 팀은?

> 회장 연설: 이번 사내 체육대회에서 상을 받을 팀은 기업 인재상에 가장 걸맞은 활동을 펼친 팀이 될 것입니다. 따라서 리더십, 창의성, 적극성이 중점적으로 평가될 것이라는 사실을 명심해 주세요. 물론 봉사정신은 기본으로 갖추어야 하겠지요.

팀별 체육대회 점수표

팀	리더십	개성	창의성	성실성	집중력	적극성	봉사정신
A	5	1	2	4	2	3	○
B	3	5	3	3	1	2	○
C	4	4	5	2	4	1	×
D	4	2	3	1	5	4	○
E	3	2	3	3	5	3	○
F	1	1	5	5	2	5	○
G	5	3	1	2	3	4	×

※ 주요 평가 항목 3개(리더십, 창의성, 적극성) 중 최저점인 1점을 하나라도 받은 팀은 선정대상에서 제외함

① A, B ② A, D
③ C, G ④ D, E
⑤ E, F

48 다음은 NH농협의 직급별 1인당 해외 여비지급 기준액과 해외출장계획을 나타낸 자료이다. 이에 대한 〈보기〉의 설명 중 옳지 않은 것을 모두 고르면?

직급별 1인당 해외 여비지급 기준액

직급	숙박비($/박)	일비($/일)
부장 이상	80	90
과장 이하	40	70

해외출장계획

구분	내용
출장팀	부장 2인, 과장 3인
출장기간	3박 4일
예산한도	$4,000

※ 1) 해외출장비 = 숙박비 + 일비 + 항공비
　2) 출장기간이 3박 4일이면 숙박비는 3박, 일비는 4일을 기준으로 지급함
　3) 항공비는 직급에 관계없이 왕복기준 1인당 $200을 지급함

┌ 보기 ┐

㉠ 1인당 항공비를 50% 더 지급하면 출장팀의 해외출장비는 예산한도를 초과한다.
㉡ 직급별 1인당 일비 기준액을 $10씩 증액하면 출장팀의 해외출장비가 $200 늘어난다.
㉢ 출장기간을 4박 5일로 늘려도 출장팀의 해외출장비는 예산한도를 초과하지 않는다.

① ㉠　　　　　　　　　② ㉡
③ ㉠, ㉡　　　　　　　④ ㉠, ㉢
⑤ ㉡, ㉢

49 다음은 H카드 사용 시 적립되는 마일리지로 교환할 수 있는 경품 목록 및 2024년 K씨의 H카드 사용내역이다. 이때 마일리지를 최대한 사용할 경우 받을 수 있는 경품은 무엇인가?

H카드 마일리지 적립 안내

- 1,000원당 15점 적립
- 더블 적립: H백화점, H마트, H주유소, 핸드폰요금(H카드로 자동이체 시)
- 제휴할인과 중복적용 불가
- 마일리지 유효기간: 1년(1월 1일 ~ 12월 31일), 기간 경과 시 모두 소멸

마일리지 교환 경품

- 30만 점 이상 − 태블릿 PC
- 25만 점 이상 − 32인치 LED TV
- 20만 점 이상 − 고급 커피머신
- 15만 점 이상 − 주방용품 세트
- 10만 점 이상 − 외식상품권

2024년 K씨의 H카드 사용내역

사용처	사용금액
백화점	B백화점 50만 원, H백화점 100만 원
마트	O마트 150만 원, H마트 250만 원
외식비	120만 원
주유비	S주유소 180만 원, H주유소 270만 원
문화여가비	80만 원
통신비	인터넷·TV 사용료 40만 원(H카드 자동이체), 핸드폰요금 60만 원(H카드 자동이체)

① 태블릿 PC   ② 32인치 LED TV
③ 고급 커피머신   ④ 주방용품 세트
⑤ 외식상품권

[50~51] 다음은 도서대여점의 대여 규정과 주영의 도서별 반납일을 나타낸 표이다. 이를 보고 이어지는 물음에 답하시오.

도서대여점 대여규정

구분	대여료(권당)	대여기간(대여일 포함)	연체료(1일 기준)
최신 베스트셀러(올해 출간된 작품)	1,500원	3일	500원
문학서적	1,000원	5일	200원
비문학서적	800원	7일	100원
만화책	500원	3일	100원
잡지	1,200원	7일	300원

주영의 도서별 반납일

도서	반납일
J작가 스릴러 소설	1월 24일
재테크 관련 서적	1월 25일(1권), 1월 28일(1권)
스네이크 볼 전집	1월 30일
패션잡지	1월 26일

50 주영은 1월 19일 도서대여점에서 작년 여름에 큰 화제를 일으키며 베스트셀러에 올랐던 J작가의 스릴러 소설 1권과 재테크 관련 서적 2권, 패션잡지 1권, 만화책인 스네이크 볼 전집 12권을 빌렸다. 이때 대여료를 포함하여 주영이 도서대여점에 지불해야 할 총 금액은 얼마인가?

① 19,900원   ② 20,500원
③ 21,400원   ④ 22,300원
⑤ 23,500원

51 위 50번 문제에 〈보기〉와 같은 조건이 추가된다면 할인되는 금액은 총 얼마인가?

> **보기**
> • 특별이벤트 : 1월 24일~1월 26일 연체료 미적용
> • 분야별 연체료 한도 : 5,000원

① 11,600원   ② 9,800원
③ 8,300원   ④ 6,400원
⑤ 5,200원

52 다음은 개선 전·후의 휴대폰 수리비용 청구절차를 나타낸 것이다. 이를 이해한 내용으로 적절하지 않은 것은?

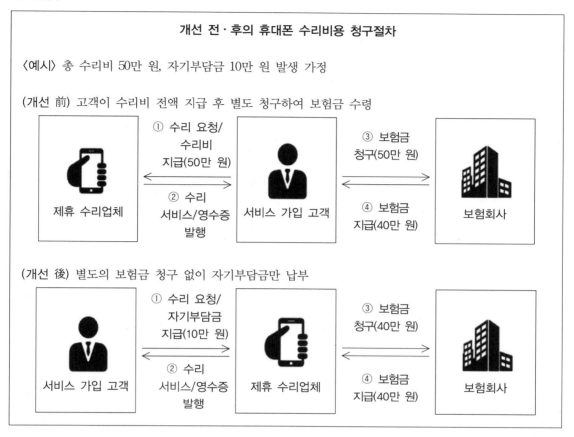

① 개선 전에는 고객이 수리비를 먼저 지급한 후에 보험금을 신청할 수 있었군.
② 개선 전에는 보험회사의 보험금 지급 금액이 개선 후보다 더 많았군.
③ 개선 전에는 서비스 가입 고객과 제휴 수리업체가 직접 거래를 하는 방식이었군.
④ 개선 후에는 제휴 수리업체가 서비스 가입 고객의 자기부담금을 제외하고 보험금을 청구하는군.
⑤ 개선 후에는 제휴 수리업체가 보험회사에게 보험금을 직접 청구하는 방식으로 바뀌었군.

53 K회사는 신입사원 최종합격자를 대상으로 기준에 따라 부서배치를 하고 있다. 신입사원은 모두 기획팀, 홍보팀, 영업팀 3개 팀 중 하나에 배치될 예정이고, 신입사원 평가표가 아래와 같을 때, 영업팀에 배치되는 신입사원은 누구인가?

부서배치 기준

1. 기획팀 - 논리력, 분석력, 창의력에 2배의 가중치
2. 홍보팀 - 표현력, 창의력, 외국어능력에 2배의 가중치
3. 영업팀 - 리더십, 대인관계, 외국어능력에 2배의 가중치
※ 신입사원은 총점에 따라 기획팀(2인) - 홍보팀(2인) - 영업팀(1인) 순으로 배치된다.

신입사원 평가표(점수)

	논리력	리더십	분석력	표현력	창의력	대인관계	외국어능력
갑	6	4	5	4	5	4	6
을	4	5	4	6	5	6	3
병	5	5	5	4	4	4	5
정	3	6	4	7	5	6	4
무	5	4	6	5	6	5	5

---

① 갑
② 을
③ 병
④ 정
⑤ 무

54 다음 구인 공고와 〈보기〉의 대화 내용을 참고하여 H가 첫 번째 정산에서 받을 금액을 구하면?

구인 공고
V버거 ○○지점에서 아르바이트생을 채용합니다.

- 근무시간
  A타임 : 11시~18시, B타임 : 17시~22시, C타임 : 22시~01시
- 급여(2주마다 정산 지급)
  주간 근무 : 시급 9,600원
  야간 근무(22시~01시) : 시급 9,600원 + 야간 수당(시간당 2,000원)
- 우대사항
  경력자 우대함(시급 + 1,000원)

┌ 보기 ┐

H학생 : 아르바이트 공고 보고 찾아왔습니다. 아직 자리 있나요?
지점장 : 네, 반가워요. 자리는 있습니다. 전에 이런 일 해본 적 있나요?
H학생 : 네, Z피자에서 2년간 일한 적 있습니다.
지점장 : 좋네요. 그 정도면 경력자로 인정받을 수 있겠네요. 시간대는 언제로 하고 싶나요?
H학생 : 제가 주중에는 오후 6시 이후로는 시간이 안 되고요. 그 외 시간대는 아무 때나 가능합니다.
　　　　 가급적이면 쉬는 날 없이 일하고 싶습니다.
지점장 : 그럼, 주중에는 A타임으로 하고, 주말인 토요일, 일요일에는 B타임과 C타임 모두 하는 것으로
　　　　 하죠. 일은 다음 주 월요일부터 시작하기로 하고요. 괜찮나요?
H학생 : 네, 좋습니다. 앞으로 잘 부탁드리겠습니다!

① 877,200원　　　　　　　② 952,200원
③ 979,200원　　　　　　　④ 1,103,200원
⑤ 1,105,200원

[55~56] 다음은 소희의 관광일정과 이동수단별 시간·운임 정보이다. 소희가 서울을 출발하여 A박물관 → B사찰 → C온천을 차례로 방문할 예정일 때, 이를 보고 이어지는 물음에 답하시오.

이동수단별 소요시간 및 운임

- 오전 8시 서울 출발
- 오후 12시 ~ 1시, 저녁 6시 ~ 7시: 식사시간
  (예약된 식사시간은 반드시 지켜야 함)
- 오후 9시 서울행 비행기 예약
- 온천 → 공항 무료셔틀 운행: 소요시간 30m

[서울 → A박물관]

구분	소요시간	운임
기차	3h	5만 원
버스	4h	3만 원
비행기	1h	7만 원

[A박물관 → B사찰]

구분	소요시간	운임
버스	1h	3천 원
택시	20m	1만 2천 원

[B사찰 → C온천]

구분	소요시간	운임
버스	40m	2천 원
택시	20m	1만 원
도보	1h 30m	0원

관광일정

구분	운영시간	이용시간
A박물관	오전 10시 ~ 오후 5시	2h
B사찰	오전 6시 ~ 오후 6시	2h
C온천	오후 12시 ~ 오후 9시	1h

※ 시설이용 중 중간에 나올 수 없음

55 A, B, C를 방문할 때 이용할 이동수단을 차례대로 나열할 때, 다음 중 선택할 수 없는 조합은?

① 비행기 - 버스 - 도보
② 기차 - 버스 - 택시
③ 기차 - 버스 - 버스
④ 버스 - 택시 - 택시
⑤ 버스 - 택시 - 버스

56 소희가 가능한 한 최소비용을 사용하여 관광일정을 소화하려고 할 때, 그 비용으로 옳은 것은?

① 40,000원
② 43,000원
③ 52,000원
④ 63,000원
⑤ 64,000원

57 '갑'지역의 공무원인 김 씨는 다음 표를 이용하여 보고서를 작성하였다. 제시된 표 이외에 보고서를 작성하기 위해 추가로 필요한 자료를 〈보기〉에서 모두 고르면?

2023~2024년 '갑'지역 구별 지역내총생산

(단위: 억 원)

연도＼구	A	B	C	D	E	F
2023	3,046	3,339	2,492	1,523	5,442	8,473
2024	2,834	3,253	2,842	1,579	5,660	8,642

※ '갑'지역은 A~F구로 구성됨

2023~2024년 '갑'지역 경제활동부문별 지역내총생산

(단위: 억 원)

연도＼부문	제조업	도소매업	임대업	건설업	서비스업	금융업	기타
2023	6,873	3,737	3,070	1,687	2,531	2,320	4,397
2024	7,221	3,603	3,137	1,581	2,585	2,383	4,300

보고서

2024년 '갑'지역의 지역내총생산은 2조 4,810억 원으로 전년대비 2.0% 증가하였지만, 2024년 국가 경제성장률인 3.3%보다 낮았다.

구별로는 C~F 4개 구의 2024년 지역내총생산이 전년대비 증가하였으나, A구와 B구에서는 감소한 것으로 나타났다. 2024년 구별 지역내총생산은 F구가 8,642억 원으로 규모가 가장 컸고, D구가 1,579억 원으로 가장 작았다.

2023~2024년 '갑'지역 경제활동부문별 지역내총생산을 보면, 제조업이 성장을 주도한 것으로 나타났다. 2024년 제조업의 지역내총생산의 전년대비 증가율은 2023년의 전년대비 증가율에 비해 감소하였으나 5% 이상이었다. 그리고 2024년에는 서비스업과 금융업 등이 전년대비 플러스(＋) 성장한 반면, 같은 기간 도소매업과 건설업은 마이너스(－) 성장으로 부진한 것으로 나타났다.

┌ 보기 ┐
ⓒ '갑'지역의 2022년 경제활동부문별 지역내총생산
ⓒ 2024년 국가 경제성장률
ⓒ 2023~2024년 '갑'지역 구별 제조업부문 지역내 총생산
ⓔ 2022년 '갑'지역의 구별 지역내총생산

① ㉠, ㉡　　　　　　　　　　　② ㉠, ㉢
③ ㉡, ㉣　　　　　　　　　　　④ ㉠, ㉡, ㉣
⑤ ㉡, ㉢, ㉣

58 다음 업무추진비와 아래 내용을 참고할 때, 농협이 지출한 총 간접비용은?

구분	업무추진비 총 소요비용	
	직접비용	간접비용
개발비	• 컴퓨터 구입비 • 금융 전문 소프트웨어 구입비 • 법률 자문 용역비 • 내부인건비	• 신상품 교육훈련비 • 소프트웨어 교체로 인한 업무 장애 손실
운영비	• 컴퓨터 유지비 • 법률 자문 운영비 • 내부인건비 • 금융 전문 소프트웨어 사용비	• 현직자 학습비용 • 법적 문제로 인한 업무 손실

농협은 새로운 신상품을 개발하며 업무 생산성을 높이기 위해 노후화된 컴퓨터를 교체하려고 한다. 이때, 노후 컴퓨터 300대를 교체하는 데 4억 원, 새로운 금융 전문 소프트웨어를 새로 구입하는 데 5천만 원을 지출하였다. 그러나 교체 기간인 사흘간 원활한 업무수행을 하지 못하면서 3천만 원의 손실이 발생하였다. 또한 농협에서 새롭게 개발한 신상품에 대해 교육하는 데 1천만 원의 비용이 소요되었고, 상품에 법적으로 문제가 없는지 법률 자문을 맡기면서 연 5천만 원을 지급하기로 계약하였다. 하지만 신상품에 법적으로 문제가 있다는 것이 밝혀지며 4천만 원의 손실이 발생하였고, 농협은 법률 자문사와 계약을 파기하고 회사 내부 법무팀이 직접 관리하기로 결정하였다.

① 2천만 원
② 4천만 원
③ 6천만 원
④ 8천만 원
⑤ 1억 원

59 인력배치의 원칙 중 다음 설명에 해당하는 것은?

> • 개인에게 역량을 발휘할 수 있는 기회와 장소를 부여한 뒤, 그 성과를 바르게 평가하고 평가된 역량과 실적에 대해 상응하는 보상을 하는 원칙이다.
> • 역량은 개인이 가진 기존의 능력에만 한정하지 않고, 미래에 개발 가능한 역량도 있기 때문에 이를 개발하고 양성하는 측면도 고려해야 한다.

① 적재적소주의   ② 능력주의
③ 보상주의   ④ 균형주의
⑤ 청렴주의

60 농협 총무팀 Y대리는 농산물 직거래장터 개장을 준비 중이다. 직거래장터에 필요한 항목과 비용, 사항을 다음과 같이 정리했을 때, Y대리가 편성해야 할 예산은 얼마인가?

항목	비용
현수막	개당 12만 원
배너	개당 3만 원
음료	인당 5천 원
체험 프로그램	개당 16만 원
기념품	개당 1만 원
부스 배치도 인쇄	장당 1천 원
행사장 대관료	기본 2시간 300만 원 + 추가 요금 시간당 25만 원

> • 개장 날짜: 2025년 3월 20일 목요일
> • 개장 시간: 오후 12시~4시
> • 사전 신청 인원: 500명
> • 농산물 판매자: 30명
> • 준비사항: 현수막 1개, 배너 30개, 음료 530인분, 체험 프로그램 2개, 기념품 500개, 부스 배치도 600장

① 1,279만 원   ② 1,309만 원
③ 1,429만 원   ④ 1,507만 원
⑤ 1,647만 원

61 다음 농협비전 2030 엠블럼의 의미로 적절하지 않은 것은?

① 농협의 초성 ㄴ, ㅎ으로 만든 수레 형태이다.
② 농업·농촌의 새롭고 당당한 미래상의 중심에 '농협인'이 있음을 부각하고 있다.
③ 농협의 초성인 ㄴ, ㅎ이 결합하여 '농'을 완성하였다.
④ 새수레에 변화와 혁신의 황금빛 불꽃을 담았다.
⑤ 새수레는 희망농업, 행복농촌을 만들겠다는 의미이다.

62 다음 중 농협의 인재상에 해당하지 않는 것은?
① 최고의 전문가   ② 행복의 파트너
③ 솔선수범하는 인재   ④ 진취적 도전가
⑤ 시너지 창출가

63 다음 설명을 보고 농협이 했던 컨설팅으로 옳은 것을 고르면?

> - 8명의 전문가로 구성된 컨설팅으로 금융지원과 연계해 효과를 극대화하였다.
> - 소상공인에게 도움을 주기 위한 맞춤형 컨설팅이다.
> - 소상공인에게 재무관리, 마케팅, 위기관리 등에 대한 컨설팅을 제공하고 있다.
> - 비대면으로 컨설팅을 받을 수 있다.
> - 컨설팅을 받을 경우 대출 취급 시 금리우대 혜택을 제공한다.

① 윤리컨설팅   ② 경영컨설팅
③ 축산컨설팅   ④ 현장컨설팅
⑤ 친환경컨설팅

64 다음은 어떤 기업의 SWOT분석이며, 이 SWOT분석 내용을 보고 A, B, C, D 사원이 대응방안에 대해 대화하고 있다. 이때, 대응방안을 잘못 이야기하고 있는 사원을 주어진 〈보기〉에서 모두 고르면?

SWOT분석

S	Strength	Weakness	W
	• 소비층의 연령대가 다양함 • 전국적인 오프라인 매장 구축 • 개발 자금 풍부 • 상품에 대한 독자적인 노하우 보유	• 오프라인 매장에 비해 상대적으로 온라인 매장의 매출 부진 • 온 - 오프라인의 연계 부족 • 충성고객의 부족	
O	Opportunity	Threat	T
	• 20~30대 소비자들의 해당 상품 소비량 증가 • 개발 상품에 대한 선호도 증가 • 회사 이미지 제고	• 경쟁사의 온라인 시장 확대 • 경쟁사의 기술력 증진 • 근로자 임금의 상승 요구	

┌ 보기 ┌
A : 전국에 퍼져있는 우리 회사 매장을 통해 홍보를 강화한다면 저렴한 비용으로 효율적인 홍보가 가능할 것 같네.
B : 요즘 온라인 시장이 활성화되고 있는 추세니까 온라인 시장에 대한 투자를 강화해야 할 것 같아.
C : 특정 소비층에 대한 충성심을 확보하기 위해 소비성향이 강한 10대들을 겨냥한 상품을 출시해야 할 것 같아.
D : 경쟁사의 기술력도 많이 올라오긴 했지만 독자적인 노하우를 가지고 있으니 크게 걱정할 필요는 없는 것 같아.

① A   ② B
③ A, B   ④ B, D
⑤ C, D

65 다음 대화를 통해 비슷한 유형의 조직에 속한 사람끼리 짝지어진 것은?

> A : 나는 요즘 <u>○○대학</u>에서 인문학 석사과정을 밟고 있어. 직장 생활을 하다 보니 인문학에 대해 심층적으로 알고 싶어졌어.
>
> B : 그렇구나. 난 <u>△△국립대학병원</u>에 취업했어. 너무나 가고 싶었던 병원인데 간호사로서 환자들에게 최선을 다해 봉사해야겠어.
>
> C : 그 병원에 그렇게 근무하고 싶어 하더니 너무 잘됐다. 나는 이번에 <u>□□건설회사</u>에서 스카웃 제의를 받았어. 더 좋은 조건으로 근무하게 될 것 같아서 이직을 고려 중이야.
>
> D : 좋은 기회가 되겠네. 나는 회사 생활에서 얻을 수 없는 보람을 이번에 보육원 봉사활동을 가서 얻게 되었어. 그래서 보육원을 후원하는 <u>시민단체</u>에 가입해서 열심히 활동 중이야.

① A, C
② B, C
③ C, D
④ A, B, D
⑤ B, C, D

66 다음 중 농협의 윤리경영의 추진단계에 대한 설명으로 옳지 않은 것은?

① 도입기에는 윤리경영의 시스템 구축, 임직원 의지표명 등 윤리경영의 기반을 조성했다.
② 활성화기에는 윤리경영 실천문화를 확산시켰다.
③ 윤리경영시스템을 개선하고 발전시킨 것은 2014~2016년 정착기 단계이다.
④ 2017년부터 현재까지는 농업인과 고객의 행복을 위하여 서비스를 제공하고 있다.
⑤ 도입기에는 윤리경영시스템을 체계화시키며 평가 및 피드백을 하였다.

67　○○회사의 신입사원들이 다음와 같은 회사의 조직도를 보면서 대화를 나누고 있다. 이때 주어진 〈보기〉에서 조직도를 바르게 파악하지 못한 사원은 누구인가?

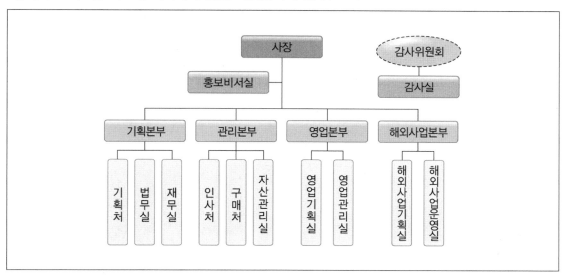

┌ 보기 ┌───
갑 : 홍보비서실은 사장 직속기관으로 사장님과 가장 가깝게 업무를 진행해.
을 : 인사처나 구매처는 전반적인 회사 관리에 대한 업무를 진행하므로 관리본부 소속이 당연해.
병 : 사장 직속으로는 4개의 본부가 있는데, 그중 한 본부는 영업과 관련된 업무를 맡고 있어.
정 : 감사실은 사장 직속이 아닌, 감사위원회 산하에 별도로 소속되어 있네.
무 : 조직도를 보면 4개의 본부 아래 3개의 처, 8개의 실로 구성되어 있어.

① 갑　　　　　　　　　　　　② 을
③ 병　　　　　　　　　　　　④ 정
⑤ 무

68　농협이 하는 일 중 '교육지원 부문'에 해당하지 않는 것은?
① 영농에 필요한 자재를 저렴하고 안정적으로 공급
② 농촌에 활력을 불어넣는 다양한 교류사업 추진
③ 농업과 농촌의 가치를 알리는 농정홍보활동
④ 농촌지역 삶의 질을 높이는 문화・복지사업 실시
⑤ 미래 농업・농촌을 이끌 영농인력 육성

69 다음 A~D 중 업무수행 방해요인의 통제와 관리에 대해 잘못 이해하고 있는 사람은 모두 몇 명인가?

> A: 스트레스를 관리하기 위하여 메일 확인은 하고 싶을 때만 해야 합니다.
> B: 스트레스는 관리가 불가능하기에 발생하지 않도록 최적의 환경을 조성해야 합니다.
> C: 갈등이 항상 부정적인 영향을 주는 것은 아닙니다.
> D: 갈등에 대한 관리는 부정적인 결과를 초래하기에 지양되어야 합니다.

① 없다.
② 1명
③ 2명
④ 3명
⑤ 4명

70 IT업계에서 크게 성장한 어느 회사의 임원진은 최근 조직문화가 경직되고 효과적으로 업무가 분배되어 있지 않다고 느꼈다. 이때 업무의 효과적인 분배를 위해서 임원진이 담당 팀장들에게 지시한 내용 중 적절하지 않은 것은?

① 효과적인 업무를 위해서는 서로의 자유로운 의사소통이 중요합니다. 그러니 팀의 직위를 없애고 본인이 맡은 업무만 최선을 다해 할 수 있도록 운영하세요. 업무 수행에 필요한 권한은 스스로 업무를 잘하게 되면 알아서 발현이 되니 각자의 업무에 집중하는 것에 초점을 맞추세요.

② 회사가 많이 성장하면서 조직 운영도 성장을 해야 합니다. 특히, 조직 통합을 해야 한 가지 목표를 바라보고 다 같이 달려갈 수 있습니다. 그러므로 개인이 업무를 맘대로 선택하게 하지 말고 주어진 업무를 정확히 파악하도록 업무 이해도를 높여주세요.

③ 업무를 배정할 때는 문서 정리, 회계 업무, 판매 활동 같이 일의 성격이 비슷한 것끼리 하나의 그룹으로 묶어서 한 사람이 담당할 수 있도록 하세요. 여러 사람이 동시다발적으로 일을 담당하면 서로 통일도 없고 능률이 떨어질 수 있어요.

④ 업무를 효과적으로 수행하기 위해 미리 팀원들이 업무 수행 계획을 세우도록 지시하세요. 목표를 가지고 업무를 하는 것과 목표가 없이 업무를 진행하는 것은 큰 차이를 가져옵니다.

⑤ 팀원들이 갖고 있는 역량과 강점을 고려해 업무를 분배하도록 하세요. 각자의 역할에 맞는 업무를 맡아야 일을 효율적으로 처리할 수 있습니다.

지역농협
6급

직무능력평가

박문각

지역농협 6급

직무능력평가 봉투모의고사 / 정답 및 해설

박문각

제1회 직무능력평가

01 ④

④ 건강 만큼은→ 건강만큼은
'~만큼'은 앞말에 한정됨을 나타내는 보조사로 붙여 쓰는 것이 원칙이다.
② '는커녕'은 보조사 '는'에 보조사 '커녕'이 결합한 말로, 앞말을 지정해 어떤 사실을 부정하는 뜻을 강조한다.

02 ②

마주 보고 있는 두 숫자의 곱이 48이 나오는 규칙이다.

03 ④

예산 집행 실적은 가계부나 워크시트로 작성해서 관리해야 효과적이다.

04 ②

기안서를 작성할 경우 요청하는 사항을 실행했을 때 발생하는 기대효과를 적어줘야 상사나 관련 부서가 내용을 승인할 근거를 제공할 수 있다.

05 ③

③ 2019년 갑 국가의 수입 및 이입은 59,694억 원이고, A와 B지역의 수입 및 이익은 11,445 + 12,833 = 24,278(억 원)이다.

$\frac{59,694}{24,278}$ ≒ 2.46이므로, 약 2.46배 많다. 3배 이상은 아니다.

① 첫 번째 표의 수출 및 이출, 수입 및 이입이 증가 추세임을 쉽게 확인할 수 있다.

② 갑 국가의 수출 및 이출에서 수출이 차지하는 비중은

2021년 : $\frac{20,233}{84,959} \times 100$ ≒ 23.8(%),

2023년 : $\frac{22,099}{211,948} \times 100$ ≒ 10.4(%)이다.

약 13.4%p 차이 난다.

④ 2021년 A, B지역의 무역 규모를 구하면,
B지역 : 9,869 + 21,294 = 31,163(억 원)
A지역 : 2,244 + 19,065 = 21,309(억 원)
31,163 − 21,309 = 9,854(억 원)으로 B지역 무역 규모가 A지역에 비해 9,000억 원 이상 많다.

06 ①

여학생이 연이어 입장하므로, 여학생을 한 덩어리로 생각하여 4명이 입장하는 경우의 수를 계산한 후 여학생 3명 사이의 순서를 고려한다. 따라서 4! × 3! = 24 × 6 = 144(가지)이다.

07 ②

앞의 항에 $\frac{2}{3}$를 곱하는 규칙이다. 따라서 빈칸에 들어갈 숫자는 $\frac{4}{27} \times \frac{2}{3} = \frac{8}{81}$이다.

08 ④

'겉잡다'는 '겉으로 보고 대강 짐작하여 헤아리다'의 의미이다. '한 방향으로 치우쳐 흘러가는 형세 따위를 붙들어 잡다'는 뜻의 '걷잡다'를 써야 문맥상 어울린다.

09 ③

인턴별로 최종 평가 점수를 계산하면
갑 : (9 + 8 + 7 + 10) × 0.4 + (6 + 7 + 7) × 0.4 + (7 + 7 + 5) × 0.2 = 13.6 + 8 + 3.8 = 25.4점
을 : (10 + 9 + 9 + 9) × 0.4 + (8 + 9 + 6) × 0.4 + (8 + 8 + 9) × 0.2 = 14.8 + 9.2 + 5 = 29점

병 : (6 + 7 + 8 + 8) × 0.4 + (9 + 8 + 9) × 0.4 + (8 + 8
   + 6) × 0.2 = 11.6 + 10.4 + 4.4 = 26.4점
정 : (8 + 5 + 6 + 8) × 0.4 + (10 + 8 + 9) × 0.4 + (8 +
   10 + 7) × 0.2 = 10.8 + 10.8 + 5 = 26.6점
무 : (8 + 8 + 10 + 9) × 0.4 + (9 + 9 + 7) × 0.4 + (8 +
   9 + 9) × 0.2 = 14 + 10 + 5.2 = 29.2점
점수가 가장 높은 2명은 을과 무이다. 이 두 명이 정규직으
로 전환된다.

10 ④

해당 법정기념일은 농업인의 날로 매년 11월 11일이다.

11 ②

② 제시된 표는 진행계획과 기간 항목을 포함하므로 계획과
실적을 도표상에 동시에 기록하여 한눈에 모든 일정을 간단명
료하게 나타낼 수 있는 간트 차트(Gantt chart)가 효과적이다.
간트 차트는 목적과 시간의 두 기본적 요소를 이용하여 만
드는 그래프로 계획과 통제기능을 동시에 수행할 수 있도록
설계된 막대도표이다.
① 체크리스트 : 업무 결과를 점검하기 위해 작성하는 서식
으로 업무의 확인을 통해 업무 진행 시 문제점과 업무 제반
사항의 파악이 용이해진다. 체크리스트는 주로 해당 부서장
에게 제출하기 위한 용도로 작성한다.
③ 워크플로시트 : 업무의 절차 또는 활동을 플로우차트처
럼 시스템화한 것을 말하며 마치 컴퓨터의 프로그램을 짤
때와 마찬가지로 업무를 하나의 흐름으로 파악하여 경영활
동을 개선하려는 시도에서 비롯되었다.
④ SWOT분석 : 기업의 환경분석을 통해 강점(strength)과 약
점(weakness), 기회(opportunity)와 위협(threat) 요인을 파
악하고 이를 토대로 마케팅 전략을 수립하는 기법을 말한다.

12 ②

② 욕속부달 : 일을 빨리 하기 위해 서두르면 오히려 일이
진척되지 않음을 이르는 말
① 산자수명 : 산의 빛이 곱고 물이 맑다는 뜻으로 경치가
아름다움을 이르는 말
③ 십벌지목 : 열 번 찍어서 안 넘어 가는 나무가 없다는 뜻
으로 아무리 어려운 일이라도 열심히 하다 보면 이룰 수 있
다는 것을 이르는 말
④ 풍월주인 : 바람과 달 등의 자연을 즐기는 사람을 이르는 말

13 ①

① A → D → E → C → B = 7(만 원/톤)
② A → D → E → B = 8(만 원/톤)
③ A → C → D → E → B = 11(만 원/톤)
④ A → E → B = 9(만 원/톤)

14 ③

출발	도착	운송물	경로	운송비용
C	E	X (7톤)	C → D → E = 3만 원/톤	7 × 3 = 21만 원
D	A	Y (5톤)	D → C → B → A = 4만 원/톤	5 × 4 = 20만 원
B	E	Z (8톤)	B → A → D → E = 5만 원/톤 B → C → D → E = 5만 원/톤	8 × 5 = 40만 원

따라서 총 운송비용은 81만 원이다.

15 ③

③ 대출금리가 예금금리보다 더 하락하면서 순이자 하락 압
력도 지속되고 있다고 하였으므로 적절하지 못한 설명이다.

16 ④

C : 마지막 문장 '수익성을 제고하기 위해서라도 내부유보
금은 지속적으로 확충되어야 한다.'를 통해 알 수 있다.
D : '물론 지역밀착형 금융서비스 구현을 통한 다양한 수익
원발굴전략이 필요하다.'를 통해 알 수 있다.
A : 농협은 소매예금이 차지하는 비율이 높다는 것은 맞는
설명이지만 소매예금자는 위기 시 이탈가능성이 높다는 설
명이 적절하지 못하다. 소매예금자는 위기 시 이탈가능성이
낮다.
B : 저원가성예금의 비중은 농·축협보다 주요은행이 높다
는 것을 표를 통해 알 수 있다.

17 ④

④ '입은 채로'로 쓰는 것이 옳다.
채 : 이미 있는 상태 그대로
체 : 그럴듯하게 꾸미는 거짓 태도

18 ③

위협 요인을 보면, 내수경기 침체로 소비심리가 위축되어
있다. 따라서 프리미엄라인의 고급화를 추구하다 보면 남성
화장품 경쟁시장에서 선택받지 못할 확률이 크다. 그러므로
가격을 너무 높이지 않는 선에서 합리적인 소비가 가능할
수 있는 화장품라인을 개발하는 것이 더 도움이 된다.

19 ③

프로젝트 후 지점별 총 판매액은 9,100 + 5,730 + 9,385 + 11,370 + 8,215 = 43,800(만 원)이고, 프로젝트 전 총 판매액은 $\frac{43,800}{1.46}$ = 30,000(만 원)이다.

따라서 30,000 − 6,500 − 3,725 − 7,155 − 5,890 = 6,730(만 원)이므로 △△지점의 프로젝트 전 판매액은 6,730만 원이다.

20 ①

① '뿐'은 체언이나 부사어 뒤에 붙어 '그것만이고 더는 없음' 또는 '오직 그렇게 하거나 그러하다는 것'을 나타내는 보조사이므로 부사어 '학교에서' 뒤에 붙여 '학교에서뿐만 아니라'와 같이 쓴다.
② 추측 대로→ 추측대로
'대로'는 체언 뒤에 붙어 '앞에 오는 말에 근거하거나 달라짐이 없음'을 나타내는 보조사로서 앞말에 붙여 써야 한다.
③ 매순간→ 매 순간
'매(每)'는 '하나하나의 모든', 또는 '각각의'를 뜻하는 관형사이므로 뒷말과 띄어 써야 한다.
④ 나흘 간→ 나흘간

21 ②

② 2023년 북미 출신 외국인의 경제활동 참가율(60.7%)은 오세아니아 출신 외국인의 경제활동 참가율(55.6%)보다 높다. 15세 이상 인구는 북미가 오세아니아의 10배에 못 미치는데 경제활동 인구는 북미가 오세아니아의 10배보다 많은 것을 통해서도 알 수 있다.
① 2023년과 2024년의 경제활동 참가율은 다음과 같다.

구분	외국인 합계	아시아	북미	유럽	오세아니아	기타
2023	71.7	72.8	60.7	64.5	55.6	66.7
2024	70.5	71.7	55.8	68.6	70.0	64.3

따라서 전년 대비 경제활동 참가율이 가장 크게 오른 곳은 오세아니아이다.
③ 2024년의 고용률은 다음과 같다.

구분	외국인 합계	아시아	북미	유럽	오세아니아	기타
2024	67.7	69.0	52.3	65.7	60.0	57.1

④ 2024년 전체 외국인 실업률은 $\frac{40}{1,422} \times 100 ≒ 2.8$(%)이고, 북미 출신 외국인의 실업률은 $\frac{3}{86} \times 100 ≒ 3.5$(%)이다.

22 ④

명제와 그 대우를 이용하여 제시된 명제들을 정리해 보면, '운동화 ○ → 셔츠× → 시계× → 반바지 ○ → 티셔츠 ○ → 구두 ×'가 성립된다. 따라서 '운동화를 신으면 티셔츠를 입는다.'를 추론할 수 있다.

23 ①

세무서와 무역회사는 서로 옆에 위치하고, 여행사는 무역회사와 같은 라인에 위치하고, 법률사무소와 다른 라인에 위치하므로 C, D, E가 무역회사, 세무서, 여행사 중 한 곳이 된다. 여기서 출판사는 무역회사 또는 여행사와 마주보지 않아야 하고, 여행사와 무역회사는 바로 옆에 위치할 수 없으므로 이를 반영하면 D에는 무조건 세무서가 위치해야 하고 C와 E는 무역회사 또는 여행사가 위치해야 한다. 출판사와 회계사무소는 A 또는 B에 위치해야 하는데 출판사가 B에 위치한다면 여행사나 무역회사와 마주보게 되므로 A는 출판사가 들어가야 하고 B는 회계사무소가 된다.
따라서 A − 출판사, D − 세무서가 위치한다.

24 ①

회식비용이 42만 원으로 30만 원 초과 50만 원 이하이므로 회식신청서를 대표이사에게 결재 받아야 한다. 결재규정에 따라 대표이사 이하의 직책자인 팀장, 부서장의 결재도 받아야 한다.

25 ③

항공사별 항공권 가격, 렌터카 비용, 호텔 숙박 비용을 계산해 보자.
ⅰ) 2인 할인이 적용된 항공사별 항공권 가격은 아래와 같다.
A항공사 : 480,000원×2×0.8 = 768,000원
B항공사 : 520,000원×2×0.75 = 780,000원
C항공사 : 385,000원×2 = 770,000원
ⅱ) 5일 이용 기준 렌터카 업체별 가격을 살펴보자.
D업체 : {120,000원 + (50,000×4)}×0.9 = 288,000원
E업체 : {80,000원 + (55,000×4)}×0.95 = 285,000원
F업체 : 70,000원 + (60,000×4) = 310,000원
G업체 : 150,000원 + (35,000×4) = 290,000원이다.
ⅲ) 4박 기준 호텔 숙박비를 계산해보자.
H호텔 : {120,000원 + (80,000×3)}×0.95 = 342,000원
I호텔 : 110,000×4 = 440,000원
(A항공 이용 시 440,000×0.8 = 352,000원)
J호텔 : 105,000×4 = 420,000원
(B항공 이용 시 420,000×0.85 = 357,000원)
K호텔 : 110,000원 + (75,000×3) = 335,000원
가장 가격이 저렴한 업체들만을 고르면 A항공사, E렌터카업체, K호텔이고, 총 비용은 768,000 + 285,000 + 335,000 =1,388,000원이다.

(I호텔과 J호텔의 경우 항공사와 연계할인이 되나, 항공 연계할인을 하여도 K호텔 이용 시의 가격보다 비싸므로 K호텔을 이용해야 가격이 더 저렴하다.)

26 ④

㉠ 2023년 생활 소음 민원건수와 교통 민원건수 비율의 차이는 7.1% − 2.7% = 4.4%p이며, 2020년 생활 소음과 교통 민원건수의 비율 차이는 14.3% − 4.8% = 9.5%p이다. 2020년에 비하여 2023년의 각 민원건수의 비율 차이는 감소하였다.
㉢ 2022년과 2023년 소음 발생원별 민원건수 비율이 높은 순서는 공장 − 심야영업 − 건설작업 순서로 동일하다.
㉣ 건설작업 현장의 민원건수 비율은 2020년부터 2023년까지 계속 감소하였다.
㉡ 2022년 심야영업 민원건수 비율은 18.4%이고 2년 전인 2020년은 8.2%이므로 2배 이상 증가하였다. 3배 이상은 아니다.

27 ①

2022년 노트북 사업과 가전제품 사업의 수익률은 동일하다. 그런데 투자비용은 가전제품 사업에 비해 노트북 사업이 적게 소요되고 있다. 따라서 상대적으로 적은 비용으로 동일한 수익률을 얻는 노트북 사업이 더 효율성 높은 사업이라고 할 수 있다.

28 ②

카메라 사업부의 수익률은 계속해서 감소하고 있다. 반면 카메라 사업부에 대한 투자비용이 가장 많다. 따라서 카메라 사업의 투자비용을 줄이고 남은 금액을 수익률이 좋으나 최근 경쟁이 심해지고 있는 가전제품 분야에 투자하는 것이 가장 합리적이다.
④ 핸드폰 사업은 현재 가장 많은 수익을 가져다주는 사업이다. 현재 가격으로도 매우 높은 수익률을 가져다주기 때문에 제품 가격 인하는 불필요한 선택이다.

29 ④

④ 예산기획안에 잡힌 비용은 감사패(210,000원) + 무대 설치비(370,000원) + 음식(1,250,000원) = 1,830,000(원)이고, 현재 예산 확보된 비용은 총 1,720,000원으로 110,000원이 부족하다.
① 예산기획안만으로 회사 인원을 유추할 수 없다.
② 무대 설치비는 총 370,000원이다.
③ 음식에 들어가는 비용은 총 1,250,000원이다.

30 ③

2022~2024년 A씨의 기부 포인트와 세액공제 금액은 다음과 같다.
ⅰ) 2022년
　기부 포인트 : 160 × 0.3 = 48(만 원)
　세액공제 금액 : (150 × 0.165) + 10 = 34.75(만 원)
ⅱ) 2023년
　매년 5%씩 늘려서 기부한다고 했으므로 160 × 1.05 = 168(만 원)을 기부한다.
　기부 포인트 : 168 × 0.3 = 50.4(만 원)
　세액공제 금액 : (158 × 0.165) + 10 = 36.07(만 원)
ⅲ) 2024년
　2023년 대비 5% 증가하면 168 × 1.05 = 176.4(만 원)을 기부한다.
　기부 포인트 : 176.4 × 0.3 = 52.92(만 원)
　세액공제 금액 : (166.4 × 0.165) + 10 = 37.456(만 원)
따라서 총 기부 포인트는 48 + 50.4 + 52.92 = 151.32(만 원), 세액공제 금액은 34.75 + 36.07 + 37.456 = 108.276(만 원)이다.

31 ③

제시된 명제들을 바탕으로 흥민이가 운동을 하는 날을 추론하면 다음과 같다.

일	월	화	수	목	금	토
×	×	○	×	○	×	○

일요일과 월요일에는 운동을 하지 않는다고 제시하고 있으므로 화요일~토요일 중에서 3일을 운동해야 하는데, 이틀 연속으로 운동하는 경우는 없다고 하고 있으므로 흥민이가 운동하는 날은 화요일, 목요일, 토요일이다.

32 ②

② 형 만한→ 형만 한
①, ④ '소문나다', '결론짓다'로 쓰는 것이 옳다.
③ '오래전'은 상당한 시간이 지나간 과거의 의미를 가진 명사이다.

33 ④

180일 = 6개월이므로 원금을 계산하면 30,000,000원이다.
이자 : $30{,}000{,}000원 \times \dfrac{0.018}{12} \times \{(6 \times 7)/2\}$
　　　 $= 30{,}000{,}000원 \times 0.0315 = 945{,}000(원)$
가산세 : $30{,}000{,}000원 \times \dfrac{0.005}{12} \times \{(6 \times 7)/2\}$
　　　 $= 30{,}000{,}000원 \times 0.00875 = 262{,}500(원)$
따라서 180일 후 해지하였을 때 받게 되는 금액은
30,000,000원 + 945,000원 − 262,500원 = 30,682,500(원)

34 ②

② 땅기다 : '매우 팽팽하고 단단하게 되다'라는 의미로 빈칸에 들어가기 적절하다.
① 당기다 : '좋아하는 마음이 생겨 끌리다', '입맛이 돋다', '물건 등을 끌어서 일정한 방향으로 오게 하다', '정한 기일이나 시간을 앞으로 옮기다'라는 의미이다.
③ 땡기다 : 비표준어이다.
④ 댕기다 : 불이 옮아 붙거나 그렇게 하는 것을 의미한다.

35 ④

④ 농지 등이 소재하는 시·군·구 및 그와 연접한 시·군·구 또는 해당 농지 등으로부터 직선거리 30km 이내의 지역에 거주하면 요건이 충족된다.

36 ①

특수 산림산업지구로 지정받아 새로 조림한 기간이 5년 이상인 297,000㎡ 이내의 산림지는 증여세가 감면되는 산림지이다.
②, ③, ④는 자료 마지막 부분의 증여세를 감면받을 수 없는 농지에 해당한다.

37 ①

우선, 출장 전날인 3월 11일의 경우를 살펴보자.
아침에 자가용으로 출근을 한다면 이날 출장을 떠나기 때문에 회사에 주차를 할 수밖에 없는데, 회사는 24시 이후 주차가 금지되어 있다. 따라서 자가용으로 출근하면 안 되고 자가용을 제외한 교통수단 중 가장 저렴한 버스를 이용해 출근한다.
13일은 목요일이어서 승용차 요일제 참여로 인해 자가용을 사용할 수 없으므로 시간 내에 도착할 수 있는 가장 저렴한 교통수단을 이용해야 하는데, 버스는 저렴하지만 시간 내에 도착할 수 없다. 따라서 지하철을 이용한다. 10분+25분+15분 = 50(분)이 걸리므로 첫차를 타면 6시 30분까지 회사에 도착할 수 있다.

38 ①

제3조에 따르면, '정보보안'이란 정보시스템 및 정보통신망을 통해 수집·가공·저장·검색·송수신되는 정보의 유출·위변조·훼손 등을 방지하기 위하여 관리적·물리적·기술적 수단을 강구하는 일체의 행위로서 사이버안전을 포함한다. '일반보안'이 국가안보에 관련되는 인원·문서·시설에 대한 보안업무이다.

39 ③

③ '미수에 그치다.'는 관용적으로 쓰이는 표현으로 어법에 맞고 자연스럽다.
① 겹문장으로 이어지면서 '문제점'에 어울리는 서술어가 생략되어 목적어와 서술어의 호응이 맞지 않다. '이상 기후 현상의 문제점을 파악하고 대안을 마련한다.'로 고칠 수 있다.
② '휴대폰을 보는 것'과 비교될 수 있는 것은 '과속'이 아니라 '과속을 하는 것'이다. 따라서 '버스 기사가 운전 중에 휴대폰을 보거나 과속하는 것을 금지한다.'와 같이 고칠 수 있다.
④ '회의를 갖다.'는 'have a meeting'을 직역한 것으로 '회의합시다, 회의를 하도록 합시다.'와 같이 고칠 수 있다.

40 ②

카드지갑의 원가를 x, 명함지갑의 원가를 y라고 하면
$x+y=34,000$ ······ ㉠
이때, 카드지갑의 정가는 $1.5x$원이고 명함지갑의 정가는 $1.3y$원이 된다. 그런데 정가에서 각각 20% 할인된 가격으로 팔았다고 했으므로 실제 판매가는 이 가격에 0.8을 곱한 값이 된다.
카드지갑의 판매가 : $1.5x \times 0.8 = 1.2x$
명함지갑의 판매가 : $1.3y \times 0.8 = 1.04y$
카드지갑과 명함지갑을 각각 할인하여 팔았을 때, 이익이 4,400원이 됐다고 했으므로
$(1.2x-x)+(1.04y-y)=4,400$
$0.2x+0.04y=4,400$
$5x+y=110,000$ ······ ㉡
㉠, ㉡을 연립하여 풀면 $x=19,000$, $y=15,000$
따라서 카드지갑의 원가는 19,000원이다.

41 ①

제시된 문자열을 알파벳 순서상으로 나타내면 다음과 같다.
A C D F G I
(1) (3) (4) (6) (7) (9)
1, 3, 4, 6, 7, 9는 +2, +1이 반복되는 규칙이므로 I 다음에는 알파벳 순서상 10번째인 J가 오게 된다.

42 ①

효율적이고 합리적인 인사관리 원칙은 다음과 같다.
1. 적재적소 배치의 원리 : 해당 직무수행에 가장 적합한 인재를 배치해야 한다.
2. 공정 보상의 원칙 : 근로자의 인권을 존중하고 공헌도에 따라 노동의 대가를 공정하게 지급해야 한다.
3. 공정 인사의 원칙 : 직무, 배당, 승진, 상벌, 근무 성적의 평가, 임금 등을 공정하게 처리해야 한다.
4. 종업원 안정의 원칙 : 직장에서 신분이 보장되고 계속해서 근무할 수 있다는 믿음을 갖게 하여 근로자가 안정된 회사 생활을 할 수 있도록 해야 한다.

5. 창의력 개발의 원칙 : 근로자가 창의력을 발휘할 수 있도록 새로운 제안, 건의 등의 기회를 마련하고, 적절한 보상을 하여 인센티브를 제공해야 한다.
6. 단결의 원칙 : 직장 내에서 구성원들이 소외감을 갖지 않도록 배려하고, 서로 유대감을 가지고 협동, 단결하는 체제를 이루도록 한다.

43 ②

구입금액에는 실제 지출이 되는 금액이 적혀 있어야 하므로 30% 할인된 금액이 들어가야 한다.

44 ④

구분	근로소득	공제액
2023년	1억 원	1,200만 원 + [(1억 원 − 4,500만 원)×5%] = 1,475만 원
2024년	3억 원	1,475만 원 + [(3억 원 − 1억 원)×2%] = 1,875만 원

2023년과 2024년의 근로소득 공제액의 차이는 400만 원이다.

45 ③

구분	과세표준	종합소득세
2023년	(10,000 − 1,475) − 1,325 = 7,200만 원	(7,200 × 0.35) − 1,490 = 1,030만 원
2024년	(30,000 − 1,875) − 3,125 = 25,000만 원	(25,000 × 0.38) − 1,940 = 7,560만 원

2023년과 2024년의 종합소득세 차이는 6,530만 원이다.

46 ②

Q : 3,500,000원 × 0.2 = 700,000(원)
L : 4,200,000원 × 0.18 = 756,000(원)
K : 5,000,000원 × 0.15 = 750,000(원)
P : 졸업유예자이므로 학생회비는 면제된다.

47 ②

② 2015년, 2020년~2022년에는 전입인구보다 전출인구가 적다.
① 그래프를 통해 바로 확인할 수 있다.
③ 2017년 총전입 인구는 3,917,666명, 총전출 인구는 3,938,777명이므로, 3,938,777 − 3,917,666 = 21,111(명) 유출되었다.
④ 2022년 수도권 총전입 인구를 2012년과 비교하면 $\frac{3,787,469 - 4,527,038}{4,527,038} \times 100 ≒ -16.3(\%)$이므로 15% 이상 줄어든 것이 맞다.

48 ③

사원 A, B, D는 각각 조직 정책에 대한 불만의 표출이지만, 특정 직원이 누군가와의 관계로 인해 우대받는 사실에 대해 불만을 갖는 C에 대해서는 투명한 실적 관리 체계를 조속히 마련함으로써 차후에 다른 사람이 불공정한 평가를 받는 경우가 없도록 시급히 조치해야 한다.

49 ③

50원짜리 동전의 개수를 x, 100원짜리 동전의 개수를 y, 500원짜리 동전의 개수를 z라 하자.
$x + y + z = 14 \cdots$ ㉠
$50x + 100y + 500z = 1,450 \rightarrow x + 2y + 10z = 29 \cdots$ ㉡
㉠ − ㉡을 계산하면 $y = 15 - 9z$이다.
$0 \leq z \leq 14$이므로 $z = 0$ or 1이다.
그러나 $z = 0$일 경우 $y = 15$개가 되어 총 개수가 14라는 조건에 모순되므로 $z = 1$이다.
따라서 $x = 7$개, $y = 6$개, $z = 1$개이다.

50 ③

정현이 한 시간 먼저 시작했으므로 정현과 유진이 함께 만든 리본의 수는 100개이다. 정현과 유진이 한 시간에 만들 수 있는 리본의 개수는 10 + 15 = 25(개)이므로 함께 만든 시간은 100 ÷ 25 = 4시간이다. 따라서 110개를 만드는 데 걸린 시간은 1 + 4 = 5(시간)이다.

51 ①

농사같이(農四價値) 운동에 대한 설명이다.

52 ②

농식품바우처 제도는 기준 중위소득 32% 이하 취약계층에 농식품 구입비를 4인가구 기준 월 10만 원 지원하여, 국산 농식품을 하나로마트와 농협몰, 로컬푸드직매장 등 오프라인과 온라인에서 구입할 수 있도록 전자카드 형태의 바우처를 지급하는 것이다. 2020년 시범사업을 추진한 뒤 5년간 71개 시·군·구 25만여 가구를 지원했으며, 2025년부터 전국으로 확대된다.
③ GAP(농산물우수관리제도) : 농산물의 안전성 확보를 위해 농약, 중금속, 유해생물 등 식품 위해요소를 생산 및 수확 후 포장단계까지 종합적으로 관리하는 제도다.
④ 녹색프리미엄 : 기업 사용전력량 100%를 재생에너지로 조달하겠다는 K-RE100 이행방안 중 하나

53 ②

8월 한 달 적립금만 계산해야 하므로 7월 25일과 9월 2일 사용금액은 계산에서 제외된다. 또한, 2만 원 이상만 적립금이 쌓이므로 2만 원 미만인 8월 8일과 8월 16일 사용금액도 제외된다. 나머지 금액에 대한 적립 포인트를 계산하면 다음과 같다.

$(22,000 + 70,000 + 165,000 + 53,000) \times 0.1 + 120,000 \times 0.07 = 39,400$(원)

따라서 8월 한 달 적립 포인트는 39,400원이다.

54 ③

20% 설탕물의 양을 x라고 하자. 설탕의 양 = 농도 × 설탕물의 양이므로 주어진 문제를 식으로 나타내면,

$(0.2 \times x) + 50 = 0.3 \times (x + 50)$

$\therefore x = 350$

따라서 처음에 있었던 설탕물의 양 x는 350g이다.

55 ②

② 미국 달러에 대한 설명으로 수수료가 낮고 소득세가 없으며, 돈이기 때문에 다른 투자처에서 수익을 올릴 수 있다.
①, ③, ④ 위험자산에 대한 설명이다.

56 ④

④ 'AGRI With You 캠페인'은 '농사같이(農四價値) 운동'의 농민존중(Admire), 농업성장(Growth), 농촌재생(Revive), 농협혁신(Innovation)을 나타내는 것이다. 4대 농사가치를 기반으로 농업인·국민과 공감하고 함께하는 도농상생 활동을 다양하게 전개하고, 협동조합 이념 교육을 중심으로 농협사업과 정부·지자체 정책 연계 및 협력을 통해 효율성과 효과성을 확대하고 있다.

농민 위합니다	농업 키웁니다
농가소득 안전망, 자재가격 안정, 농민수당 등 농민존중 활동 전개	국내산 농산물 소비촉진, 애그테크 육성 등 농업성장 활동 전개
농촌 살립니다	농협 바꿉니다
농촌체험, 공간정비, 지역 개발 사업 등 농촌재생 활동 전개	농축협 중심으로의 전환, 조직문화 개선 등 성장동력 내재화 활동
디지털 기반 新농협운동 확산 플랫폼 구축으로 '농사같이(農四價値) 운동' 홍보·보급·확산	

① '食사랑 農사랑 운동'에 대한 내용이다.
② '함께하는 마을 만들기'에 대한 내용이다.
③ '새농민운동'에 대한 내용이다.

57 ②

② 개인들의 협동과 상호작용에 따라 형성된 자발적인 조직을 비공식조직이라고 한다.

58 ③

③ 금요일 오전 6시에 스키장에 입장하면, 입장료 7만 원과 장비 대여료 3만 5천 원이므로 총 10만 5천 원을 지불하지만, 공휴일 오후 1시에 입장하면 입장료 10만 원과 장비 대여료 3만 5천 원인 총 13만 5천 원을 지불한다. 따라서 총 3만 원을 절약할 수 있다.
① 요일에 따라 입장료가 55,000원, 65,000원으로 상이하다.
② A스키장의 1인 최소 이용료는 월~목 24:00~05:59 사이에 입장하여 이용하는 것으로 55,000(입장료) + 35,000(대여료) = 9(만 원)이다.
④ 토, 일요일 오후 1시에 입장하는 경우와 월~목요일 오후 4시에 입장하는 경우 모두 입장료만 9만 5천 원이 든다. 이용요금은 장비 대여료를 합친 13만 원이다.

59 ①

①은 농협의 심볼마크에 대한 설명이 아닌 캐릭터 아리(ARI)에 대한 설명이다.

60 ③

브레인스토밍 방식에서는 타인의 의견에 대한 비판은 금지된다. 다른 사람의 의견에 대한 비판 없이 어떠한 의견이든 자유롭게 이야기하도록 하는 것이 브레인스토밍의 핵심이기 때문이다.

제2회 직무능력평가

01. ②	02. ①	03. ④	04. ④	05. ④
06. ④	07. ②	08. ④	09. ③	10. ④
11. ②	12. ①	13. ④	14. ①	15. ①
16. ①	17. ①	18. ④	19. ①	20. ③
21. ③	22. ③	23. ③	24. ②	25. ③
26. ③	27. ③	28. ④	29. ③	30. ①
31. ③	32. ③	33. ④	34. ②	35. ①
36. ③	37. ③	38. ④	39. ④	40. ②
41. ②	42. ②	43. ④	44. ④	45. ④
46. ②	47. ④	48. ②	49. ①	50. ①
51. ②	52. ③	53. ③	54. ④	55. ②
56. ④	57. ③	58. ①	59. ③	60. ④

01 ②

② '수익성을 높이다'에서 '높이다'는 값이나 비율 등이 보통보다 위에 있다는 뜻인 '높다'의 사동사로 '가격을 높이다'에서도 같은 의미로 쓰였다.
① '사기를 높이다'에서 '높이다'는 기세 등이 힘차고 대단한 상태에 있다는 뜻인 '높다'의 사동사이다.
③ '안목을 높이다'에서 '높이다'는 수준, 능력, 품질, 가치 등이 보통보다 위에 있다는 뜻인 '높다'의 사동사이다.
④ '목소리를 높이다'에서 '높이다'는 진동수가 큰 상태이거나 소리가 음계에서 위쪽에 있다는 뜻인 '높다'의 사동사이다.

02 ①

가수 A가 음주운전을 낸 뒤 운전자 바꿔치기를 시도하다가 자숙 없이 콘서트를 강행하는 뻔뻔스러운 태도로 대중의 비난을 샀다는 것이 제시문의 내용이다. 이와 어울리는 사자성어는 '뻔뻔스러워 부끄러움이 없음'을 뜻하는 후안무치이다.
② 각주구검: 융통성 없이 현실에 맞지 않는 낡은 생각을 고집함
③ 고식지계: 우선 당장 편한 것만을 꾀함
④ 새옹지마: 인생에서의 길흉화복은 변화가 많아 예측하기 어려움

03 ④

'설상가상'은 눈 위에 서리가 덮인다는 뜻으로, 불행한 일이 잇따라 일어남을 일컫는 사자성어이다. 이와 같은 의미의 사자성어는 ④ '전호후랑'이다. 이는 앞문에서 호랑이를 막고 있으려니 뒷문으로 이리가 들어온다는 뜻으로 재앙이 끊임없이 닥침을 이르는 말이다.

① 금상첨화: 좋은 일 위에 또 좋은 일이 더하여짐
② 만시지탄: 때가 늦어 좋은 기회를 놓친 것을 탄식함
③ 백중지세: 서로 우열을 가리기 힘든 형세

04 ④

아퀴짓다: 하던 일을 끝마무리하다
매기단하다: 일의 뒤끝을 깔끔하게 마무리짓다
마무르다: 하던 일의 뒤끝을 맺다

05 ④

④ '具(갖출 구), 現(나타날 현)'이라는 한자를 사용하고 '어떤 내용이 구체적인 사실로 나타나게 한다'는 뜻이다.
① 묘사(描寫): 어떤 대상이나 사물, 현상 따위를 언어로 서술하거나 그림을 그려서 표현함
② 기교(技巧): 기술이나 솜씨가 아주 교묘함
③ 구연(口演): 동화, 야담, 민담 따위를 여러 사람 앞에서 말로써 재미있게 이야기함

06 ④

④ '瘡(부스럼 창), 痏(멍 유)'라는 한자를 사용하고 '몸을 다쳐서 부상을 입은 자리'라는 뜻이다.
① 균열(龜裂): 거북의 등에 있는 무늬처럼 갈라져 터짐
② 상해(傷害): 남의 몸에 상처를 내어 해를 끼침
③ 흔적(痕跡): 어떤 현상이나 실체가 없어졌거나 지나간 뒤에 남은 자국이나 자취

07 ②

② '극비에 부치다'로 쓰는 것이 옳다. 이는 어떤 일을 거론하거나 문제 삼지 아니하는 상태에 있게 한다는 뜻이다.

08 ④

④ '講(외울 강), 究(연구할 구)'이라는 한자를 사용하고 '좋은 대책과 방법을 궁리하여 찾아내거나 좋은 대책을 세운다'는 뜻이다.
① 관구(管句): 사람을 통제하고 지휘하며 감독함
② 타협(妥協): 어떤 일을 서로 양보하여 협의함
③ 광구(光球): 빛이 직접 밖으로 나올 수 있는 항성의 얇은 표면층

09 ③

'작금'은 어제와 오늘을 어울러 요즈음을 의미하는 말이다. 작금과 요즈음은 유의어 관계이다.
'방관'과 유의어 관계인 것은 '좌시'이다.
방관(傍觀) : (그 일에 상관하지 않고) 겉에서 보기만 함
좌시(坐視) : (어떤 일이 일어났는데도) 참견하지 않고 잠자코 보고만 있음
관조(觀照) : 대상의 본질을 주관을 떠나서 냉정히 봄
목도(目睹) : 눈으로 직접 봄
참관(參觀) : (어떤 모임이나 행사에) 참가하여 지켜 봄

10 ④

제시된 문장의 '이끌다'는 '사람, 단체, 사물, 현상 따위를 인도하여 어떤 방향으로 나가게 하다'의 의미를 가진다. 이와 같은 의미로 사용된 것은 ④이다.
①, ③ '목적하는 곳으로 가도록 같이 가면서 따라오게 하다'의 의미로 사용됐다.
② '남의 관심을 쏠리게 하다'의 의미로 사용됐다.

11 ②

매고 → 메고
각별이 → 각별히

12 ①

① '맛있다'는 [마딛따]로 발음하며, 또는 [마싣따]도 허용한다.
② '읊다'는 'ㄹㅍ' 받침의 대표음이 [ㅂ]이므로 [읍따]로 발음한다.
③ '헛웃음'은 '웃음'의 '웃'이 실질 형태소이므로 앞 음절 '헛'의 받침 'ㅅ'이 대표음 [ㄷ]으로 바뀌고, '음'은 형식 형태소이므로 앞 음절 '웃'의 받침 'ㅅ'이 그대로 연음되어 [허두슴]으로 발음한다.
④ '밟다'는 앞 음절의 받침이 대표음 [ㅂ]으로 바뀌어 [밥따]로 발음한다.

13 ④

제시문의 김 씨는 자신이 먹은 음식이 무엇인지 기억이 나지 않아 바가지를 썼다고 생각해 난동을 부렸다는 이치에 맞지 않는 주장을 하고 있다. 이와 어울리는 사자성어는 '이치에 맞지 않는 말을 억지로 끌어 붙여 자기에게 유리하게 함'을 뜻하는 '견강부회'이다.
① 소탐대실 : 작은 것을 탐하다가 큰 것을 잃음
② 식자우환 : 학식이 있는 것이 오히려 근심을 사게 됨
③ 파란만장 : 사람의 생활이나 일의 진행이 곡절과 시련이 많고 변화가 심함

14 ①

① 사물을 보는 관점이나 생각
② 사물을 보는 표정이나 태도
③ 날씨, 내리는 눈
④ 시력, 신체의 눈

15 ①

제시된 문장의 '의식'은 '사회적·역사적으로 형성되는 사물이나 일에 대한 개인적·집단적 감정이나 견해나 사상'을 의미한다. '사물을 분별하고 판단함'의 의미를 가지는 '인식'과 바꾸어 쓸 수 있다.

16 ①

㉠의 앞 문장에서는 소외되거나 억압되는 집단 없이 사회가 진정한 통합을 해야 한다는 다문화주의에 대해 이야기하고 있고, 뒷부분에서 다양성을 인정하고 동등하게 교육한다고 하였으므로 서로 연결되는 내용이다. '그래서'나 '따라서'가 오는 것이 적절하다.
㉡의 앞 문장에서는 다문화 사회에서 사회 구성원들이 자신의 정체성을 유지하면서 공존한다고 이야기하였으나, 뒷부분에서는 그 정체성으로 인해 집단 간의 소모적 경쟁이 유발될 수 있다고 하였으므로 반대되는 내용이다. '하지만'이나 '그러나'가 오는 것이 적절하다.

17 ①

우선 ㉠과 ㉡을 요약해 본다.
㉠ 당시 사회 : 중국에의 사대 바탕 → 주체성 상실 초래
㉡ 사대주의, 배타주의가 편견과 오류를 지닌 사상이라는 지적의 근거 : 조선왕조 시대의 실례. ㉠은 ㉡의 '사대주의'의 사례이므로, ㉡ - ㉠의 순서가 된다.
㉢ (한편) 배타주의의 극단적 사례 : 나치의 유태인 학살 → 주체와 대상을 모두 불행하게 만듦
㉢은 ㉡에서 언급한 '배타주의'의 사례이므로, ㉡ - ㉠ - ㉢의 순서가 된다. 따라서 답은 ①이다.

18 ④

엔지니어에 대한 윤리교육이 등한시되는 가장 큰 이유를 기술은 가치중립적이고, 엔지니어는 기술을 생산하고 운용만 한다고 생각하기 때문이라고 말하고 있다. 그리고 가치와 관련된 판단은 엔지니어들의 영역 바깥에서 이루어져 왔다는 것으로 보아 일반적으로 엔지니어에게 요구하는 것은 상사의 지시에 잘 따르는 것이라 판단할 수 있다.

19 ①

① '도덕적 운'의 존재를 인정하는 사람은 수비수의 실수를 틈타 득점에 성공한 甲의 행위 그 자체를 인정하고 옹호한다. 역으로 도덕적 운의 존재를 인정하지 않는 사람은 甲의 득점 성공은 운이 따랐을 뿐이며 독단적 경기 운영 방식이 허물에 감춰져 있을 뿐이라고 생각한다.
② 乙이 더 독단적 성향을 타고났다는 내용은 찾아볼 수 없다.
③ '상황적 운'에 따라 독단적 행위와 동기를 똑같이 가진 두 사람 중 누군가의 성품이 발현되기도, 발현되지 않기도 한다고 생각하는 것은 '상황적 운'의 존재를 인정하는 것이다.
④ '결과적 운'의 존재를 인정하는 사람은 우리가 통제할 수 없는 결과에 의해 도덕적 평가가 이루어지는 것에 대해 불공평하다고 생각한다.

20 ③

원기둥의 부피는 '밑넓이×높이'이다. 따라서 원기둥의 부피를 구하면 $(5 \times 5 \times \pi) \times 8 = 25\pi \times 8 = 200\pi(\text{cm}^3)$이다.

21 ③

정사각형의 한 변을 $x$cm라고 하자. 1초마다 가로는 2cm씩 늘어나고 세로는 1cm씩 줄어든다고 했으므로 5초 후에는 가로는 10cm가 늘어나고, 세로는 5cm가 줄어든다.
$(x+10)(x-5) = x^2 + 10 \rightarrow x^2 + 5x - 50 = x^2 + 10$ 이므로 $x = 12$cm이다.
따라서 처음 정사각형의 넓이는 $x^2 = 144\text{cm}^2$이다.

22 ③

$$\sqrt{4} \times \sqrt[4]{8} \times \sqrt[8]{16} = 2 \times \sqrt[4]{2^3} \times \sqrt[8]{2^4}$$
$$= 2 \times 2^{\frac{3}{4}} \times 2^{\frac{4}{8}}$$
$$= 2^{1 + \frac{3}{4} + \frac{1}{2}}$$
$$= 2^{\frac{9}{4}}$$
$$\therefore a = \frac{9}{4}$$

23 ③

예금을 넣고 2년 후의 금액을 5%의 이자율을 적용하여 계산하면 $800 \times (1 + 0.05)^2 = 882$(만 원)이다.

24 ②

소금물의 양은 $200 + 300 + 500 = 1,000(\text{g})$이다.
소금의 양은 $200 \times \frac{15}{100} + 300 \times \frac{20}{100} + 500 \times \frac{32}{100}$
$= 30 + 60 + 160 = 250(\text{g})$이다.
따라서 세 소금물을 섞어 만든 소금물의 농도는
$\frac{250}{1,000} \times 100 = 25(\%)$이다.

25 ③

두 선수 중 한 명만 10점을 맞힐 경우는 a가 10점을 쏘고 b는 10점을 못 쏘거나, b가 10점을 쏘고 a는 10점을 못 쏘는 두 가지 경우가 있다. 따라서 구하는 확률은
$\frac{5}{7} \times \frac{2}{9} + \frac{2}{7} \times \frac{7}{9} = \frac{8}{21}$이다.

26 ③

정기납입금을 a원, 이율을 $r\%$, 기간을 n이라 할 때,
복리 원리금합계 $= \frac{a(1+r)[(1+r)^n - 1]}{(1+r) - 1}$
$= \frac{100\text{만 원}(1+0.05)[(1+0.05)^{10} - 1]}{(1+0.05) - 1}$
$= 1,260$(만 원)

27 ③

강의 유속을 x라고 하면 올라갈 때의 속력은 $2 - x$, 내려올 때의 속력은 $2 + x$이다.
각각 배가 이동한 거리는 같으므로
$\frac{50}{60}(2-x) = \frac{30}{60}(2+x)$
따라서 강의 유속은 0.5km/h이다.

28 ④

앞의 분수에 ×2를 한 후에 −1을 하는 규칙이다.
$-\frac{29}{3} \times 2 = -\frac{58}{3}$이고, $-\frac{58}{3} - 1 = -\frac{61}{3}$이다.

29 ④

×3+1, ×3+2, ×3+3, ×3+4 … 의 규칙이다. 따라서 빈칸에 들어갈 숫자는 $625 \times 3 + 5 = 1880$이다.

30 ①

앞의 항에 ×2를 한 후에 +2를 하는 규칙이다. 따라서 빈칸에 들어갈 숫자는 $38 \times 2 + 2 = 78$이다.

31 ③

알파벳의 순서를 숫자화하여 앞의 항에 3씩 더하여 나오는 알파벳을 찾는 규칙이다.

J	M	P	S	V	(Y)
10	13	16	19	22	25

32 ①

㉠ 전체 신고접수건수는 729건이고 전체 신고상담건수는 2,558건으로 3배 이상 차이가 난다.

㉡ 전체 신고접수건수(729건) 대비 분야별 신고접수건수의 비율이 가장 높은 분야는 기타를 제외하면 하나로유통(239건)이다.

㉢ NH 무역의 경우는 전체 7건 중 2건이 이첩된 경우로 약 28%의 이첩률을 보이나 농협케미컬과 농협 홍삼의 경우는 전체 신고접수건수 중 '이첩' 비율이 50%이다.

㉣ 전체 신고상담건수(2,558건) 중 내부처리건수(357건)는 $\frac{2,558}{357} \times 100 ≒ 13.95(\%)$이다. 15%를 넘지 않는다.

33 ④

④ 50대 이하 경영주의 비중은 해마다 줄어들고 있고, 70세 이상 경영주의 비중은 해마다 늘어나고 있으며, 60대 경영주의 비중은 2010년 34.7%까지 증가했다가 그 후로 감소하고 있다.

① 60대 이상 농가 경영주의 비중은
2025년 : 30.5 + 37.8 = 68.3%
2015년 : 33.8 + 24.5 = 58.3%이다.
10%p 늘어났음을 알 수 있다.

② 2025년 70대 이상의 농가 경영주의 비중은 37.8%로, 2000년 8.5%에 비해 4배 이상 늘어났다.

③ 2025년 50대 이하 농가 경영주 비중은 31.7%이다. 따라서 40대 미만과 40대 농가 경영주가 각각 1.3%, 7.7%라면 50대 농가 경영주의 비중은 31.7 - 1.3 - 7.7 = 22.7(%)이다.

34 ②

② 기준금리가 가장 낮은 해는 2023년, 가장 높은 해는 2018년으로 두 해의 가계부채 차이는 1,451-964=487(조원)이다. 500조 원 이상 차이가 나지는 않는다.

① 첫 번째 그래프를 통해 확인 가능하다.

③ 전년 대비 기준금리의 변화폭이 가장 큰 해는 2021년 0.75%p이다. 그래프의 기울기가 가장 가파른 해를 찾으면 된다. 나머지 연도의 전년 대비 변화폭을 구하면 다음과 같다.
2019년 : 0.5%p, 2020년 : 0.25%p, 2022년 : 0.25%p, 2023년 : 0.25%p, 2024년 : 0.25%p, 2025년 : 0.25%p

④ 2025년 가계부채는 2023년에 비해
$\frac{1,600-1,451}{1,451} \times 100 ≒ 10.3\%$ 증가하였고,

2021년에 비해 $\frac{1,600-1,203}{1,203} \times 100 ≒ 33\%$ 증가하였다.

35 ①

기본급이 300만 원인 경우는 과장 8년차와 차장 3년차인 경우이고, 기본급이 250만 원인 경우는 대리 8년차와 과장 3년차인 경우이다. 기본급 외에 2025년 1월에 받을 수 있는 수당은 정근 수당, 명절 휴가비, 정액 급식비, 교통비이다. 이를 정리하면 다음과 같다.

구분	A		B	
	과장 (8년차)	차장 (3년차)	대리 (8년차)	과장 (3년차)
기본급	300	300	250	250
정근 수당	12	15	10	12
명절 휴가비	180	180	150	150
정액 급식비	13	13	13	13
교통비	10	10	5	10
합계	515	518	428	435

A의 최대 월급은 518만 원이고, B의 최소 월급은 428만 원이므로 최대 90만 원 차이가 난다.

36 ③

제시된 내용은 일부 10대 아이들의 강도 행각을 토대로 10대 전부를 비난하고 있는 '성급한 일반화의 오류'를 범하고 있다. 이와 같이 성급한 일반화의 오류를 범하고 있는 것은 ③이다. 일부 인도 출신 직원들만 보고 모든 인도 사람들이 그럴 것이라고 생각하고 있다.
① 우연의 오류
② 부적합한 권위에 호소하는 오류
④ 무지에의 호소

37 ③

제시문은 '이 약은 위험함 → 왜냐하면 정부에서 유통을 금지하니까 → 왜 금지하는가 → 약이 위험하다고 생각하기 때문'이라는 흐름으로, 전제와 결론이 동어 반복으로 이루어지고 있다. 순환 논증의 오류로, 전제로부터 어떤 새로운 결론이 도출되는 것이 아니라, 전제와 결론의 동어반복으로 이루어진 오류를 말한다. 이와 동일한 오류를 범하고 있는 것은 ③이다.
① 논점 일탈의 오류
② 원인 오판의 오류
④ 발생적 오류

38 ③

모든 대학생은 거짓말쟁이고, 어떤 연예인은 대학생이므로 어떤 연예인은 거짓말쟁이다.

39 ④

아침에 운동을 하는 모든 사람이 아침, 저녁 운동을 하므로, 아침 운동을 하는 모든 사람의 체중이 50kg 이상이면 아침에 운동을 하는 모든 사람은 아침, 저녁 운동을 하면서 체중이 50kg 이상이다. 따라서 아침, 저녁 운동을 하는 모든 사람은 체중이 50kg 이상이라는 의미의 '체중이 50kg 미만인 모든 사람은 아침, 저녁 운동을 하지 않는다'가 들어가는 것이 적절하다.

40 ②

술을 좋아하는 모든 사람은 삼겹살을 좋아하고, 삼겹살을 좋아하는 모든 사람은 감자칩을 좋아한다고 하였으므로, '술 ⊂ 삼겹살 ⊂ 감자칩'이다.
따라서 술을 좋아하는 갑은 삼겹살과 감자칩을 모두 좋아한다.

41 ②

연인을 불쾌하게 하는 모든 것이 데이트폭력이므로, 연인을 불쾌하게 하는 어떤 사생활 침해 행위도 데이터폭력이다. 따라서 '어떤 사생활 침해 행위는 데이트폭력이다'가 타당한 결론이다.

42 ②

모든 의사가 논리적 사고를 하며 수학을 좋아하는데, 양 씨도 의사에 포함되므로 양 씨 역시 논리적 사고를 하며 수학을 좋아한다.

43 ④

④는 ⓑ명제의 '이'로 명제가 참이어도 그 '이'는 반드시 참이라고 할 수 없다.
① '연진 → 발이 큼 → 팔이 긺 → 농구를 잘함'이므로 항상 참이라고 할 수 있다.
② ⓒ명제의 대우로 항상 참이다.
③ ⓐ명제의 대우로 항상 참이다.

44 ④

성현이가 2장을 가져가기로 했으므로 남은 초대권은 6장이다. 그중 세웅이가 승호의 두 배를 가져갔다고 하였으므로 세웅이는 4장, 승호는 2장의 초대권을 가져가게 된다. 따라서 성현이와 승호는 모두 2장씩 같은 수의 초대권을 가져갔다.

45 ④

지금까지의 경기결과를 표로 그려보면 다음과 같다.

	A	B	C	D
승점	6	3	3	0
골득실	4	-1	-1	-2
다득점	5	3	2	1

④ 마지막 경기에서 A팀과 D팀이 승리하고, D팀이 큰 점수차로 승리한다면 D팀이 16강에 진출할 수 있다.
① A팀이 C팀과의 경기에서 이긴다면 A팀의 승점은 9점이 되어 B팀과 D팀의 경기결과와 무관하게 단독 1위로 16강에 진출한다.
② C팀과 D팀이 모두 마지막 경기를 이긴다고 해도 D팀은 16강에 진출하지 못하기 때문에 C팀과 D팀이 함께 16강에 진출할 가능성은 전혀 없게 된다.
③ A팀이 C팀과 1:1로 비기고 B팀과 D팀이 0:0으로 비긴다면 A팀은 단독 1위가 되며, B팀과 C팀은 승점, 골득실, 득점이 모두 같아지므로 승자승 원칙에 따라 B팀이 16강에 진출하게 된다.

46 ②

개인별 참가가능 종목에 따라 인원을 나누면 다음과 같다.

달리기	팔씨름	3인 4각 달리기	공굴리기
소미	주영, 소미, 나은, 유나	성일, 나은, 희주	주영, 유나, 도연, 희주
주영	주영, 소미, 나은, 유나	성일, 나은, 희주	소미, 유나, 도연, 희주

따라서 3인 4각 달리기에 참가하는 사람은 성일, 나은, 희주이다.

47 ④

④ 무게는 B, 총비용은 A, 내구성은 B, 설치 편의는 A, 공간 활용성은 B가 좋으므로 B가 먼저 3가지 항목을 만족한다. 따라서 두께를 비교하지 않아도 B를 선택할 수 있다.
① B를 선택한다.
② 공간 활용성 비교 단계에서 제품을 선택할 수 있다.
③ 두께 비교 단계에서도 B를 선호하므로 선택하는 제품에는 변함이 없다.

48 ②

현수막 50장은 A업체가 가장 저렴함을 쉽게 알 수 있다.
배너 40장은 A업체의 경우 500,000원, B업체의 경우 440,000원, C업체의 경우 380,000원이므로 C업체가 가장 저렴하다.
POP 100장은 A업체의 경우 900,000원, B업체의 경우 1,010,000원, C업체의 경우 860,000원이므로 C업체가 가장 저렴하다.
특수출력 20장은 A업체의 경우 180,000원, B업체의 경우 150,000원, C업체의 경우 160,000원이므로 B업체가 가장 저렴하다.

49 ①

48번 문제에서 C업체가 아닌 경우는 현수막과 특수출력뿐이다. 현수막과 특수출력에서 추가되는 디자인 비용을 포함한 금액에서 C업체의 현수막과 특수출력의 비용을 빼면 된다.(∵C회사는 디자인비가 모두 무료이기 때문에 추가비용을 포함할 필요가 없다.)
추가되는 디자인 비용을 포함한 현수막 비용 : 350,000원 + 10,000원 + 15,000원 = 375,000(원)
추가되는 디자인 비용을 포함한 특수출력 비용 : 150,000원 + 6,000원 = 156,000(원)
(375,000원 + 156,000원) − (370,000원 + 160,000원) = 1,000(원)

50 ①

예산안을 책정할 때는 행사를 진행하는 데 필수적으로 필요한 고정비용을 먼저 고려해서 책정한 다음 다른 유동적인 예산들을 책정해야 한다. 따라서 우선적으로 2박 3일 동안 필수적으로 필요한 숙박비, 식비, 교통비 등의 항목부터 고정비용으로 책정하고 예산안을 짜는 것이 좋다.

51 ②

② 부서별로 필요한 양이 다른데 같은 양을 분배하는 것은 바람직한 해결 방안이 아니다.
① 한 대리의 의견에 대한 해결 방안으로 적절하다.
③ 김 과장의 의견에 대한 해결 방안으로 적절하다.
④ 이 사원의 의견에 대한 해결 방안으로 적절하다.

52 ③

③은 농협금융지주에 대한 설명이다.
상호금융사업 : 농촌지역 농업금융 서비스 및 조합원 편익 제공, 서민금융 활성화

53 ③

농협의 핵심가치 네 가지는 아래와 같다.
• 국민에게 사랑받는 농협
• 농업인을 위한 농협
• 지역 농축협과 함께하는 농협
• 경쟁력 있는 글로벌 농협

54 ③

① NH콕뱅크는 2016년 출시되었다.
② NH투자증권은 2006년 출범되었다.
④ 농업박물관은 1987년 개관하였다.

55 ②

농협은 '신세대 및 대농의 이탈 우려'를 과제로 안고 있다. 이탈 요인은 농축협 역할·필요성에 대한 공감대 부족과 가격 및 서비스에 대한 불만에 있다.

56 ④

농협이 가야 할 세 가지 길은 다음과 같다.

가야할 길: 未來	나아갈 길: 轉換	이루어갈 길: 達成
과거 "보전" → 미래 "희망"	관행 "답습" → 적극적 "변혁"	소극적 "추종" → 담대한 "도약"
농업·농촌의 당당한 미래상 구체화	기존 운영 패러다임의 근본적 대전환	기존 사업·전략 패러다임을 담대한 도전으로 전환

57 ③

③ 이미 오프라인에서는 폭넓은 고객을 기반으로 높은 인지도를 선점하고 있으므로 오프라인 기반을 강화시키는 데 노력을 하는 것보다는, 디지털화되는 시대에 발맞추어 자체 e−book으로 온라인 시장을 잡기 위해 노력해야 한다.

58 ①

① 소개를 위해 명함을 먼저 교환하면 안 되고, 악수를 한 이후에 주어야 한다. 그리고 미국인들은 편의주의 사고방식을 가지고 있기 때문에 명함을 받은 후 바로 지갑에 넣어도 괜찮다.
② 중국에서는 황금색이 위상과 번영을 나타내므로 명함을 금색으로 인쇄하는 것이 좋다.
③ 미국은 상대방에게 추후 연락할 필요가 있을 때만 명함을 주고받는다.
④ 명함은 한 번 보고 나서 탁자 위에 보이게 놓은 채로 대화를 하거나, 명함지갑에 넣어야 한다.

59 ③

사내에 고객 및 지인의 불시 방문이나 전화, 당장 처리해야 할 잡일 등은 일의 성격상 중요한 업무는 아니지만 업무에 지장을 초래하는 급한 일이므로 C에 위치한다.
• A : 중요하고 긴급한 업무를 처리하는 것을 의미하며, 다급한 문제, 마감에 쫓기는 프로젝트, 회의준비 등을 포함한다.
• B : 긴급하지 않지만 중요한 업무를 처리하는 것을 의미하며, 계획, 인간관계구축, 장기계획수립, 예방적 정비 등을 포함한다.
• D : 중요하지 않고 긴급하지 않은 업무를 처리하는 것을 의미하며, 하찮은 일, 시간낭비거리, 지나친 TV시청 등을 포함한다.

60 ④

법인카드로 30만 원을 지출했으므로 대표이사 전결로 부장
이 최종결재권자가 된다. 그러므로 부장의 결재란에 '전결'
을 기입하고 부장은 최종결재란에 결재해야 한다.

제3회 직무능력평가

01. ②	02. ②	03. ③	04. ③	05. ②
06. ④	07. ②	08. ④	09. ①	10. ④
11. ②	12. ②	13. ①	14. ③	15. ①
16. ③	17. ③	18. ④	19. ④	20. ③
21. ②	22. ①	23. ②	24. ②	25. ③
26. ③	27. ①	28. ②	29. ③	30. ③
31. ④	32. ④	33. ③	34. ④	35. ①
36. ④	37. ③	38. ②	39. ③	40. ③
41. ①	42. ④	43. ②	44. ③	45. ②
46. ④	47. ②	48. ④	49. ④	50. ④
51. ③	52. ④	53. ③	54. ①	55. ④
56. ④	57. ③	58. ④	59. ④	60. ③

01 ②
② 주경야독 : 어려운 여건 속에서도 꿋꿋이 공부함
① 각골난망 : 남에게 입은 은혜가 뼈에 새길 만큼 큼
③ 일취월장 : 나날이 발전함
④ 당랑거철 : 제 역량을 생각하지 않고 행동하는 무모한 행동거지

02 ②
② 작심삼일 : 단단히 먹은 마음이 사흘을 가지 못함. 결심이 굳지 못한다는 의미
① 등고자비 : 일을 순서대로 하여야 함
③ 한강투석 : 한강에 돌 던지기라는 뜻으로, 지나치게 미미하여 아무런 효과를 미치지 못함을 의미
④ 누란지위 : 몹시 아슬아슬한 위기

03 ③
③ 각자무치 : 뿔이 있는 짐승은 이가 없다는 뜻으로, 한 사람이 여러 가지 재주나 복을 다 가질 수 없음을 의미함
① 계란유골 : 달걀에도 뼈가 있다는 뜻으로, 운수가 나쁜 사람은 모처럼 좋은 기회를 만나도 역시 일이 잘 안됨을 의미함
② 무용지용 : 언뜻 보기에 쓸모없는 것이 오히려 큰 구실을 함
④ 고장난명 : 혼자의 힘만으로 일을 이루기 어려움

04 ③
㉠ '맞추다'는 정해진 물건을 만들도록 주문하는 것을 뜻한다.
㉡ '맞히다'는 '맞다'의 사동사로 '적중하다'라는 뜻이다.
㉢ '맞히다'는 '맞다'의 사동사로 침이나 주사 따위로 치료를 받을 때 사용된다.

05 ②
몽니 : 심술궂게 욕심부리는 성질
게염 : 부러워하고 탐내는 욕심
결태질 : 탐욕스럽게 마구 재물을 긁어모으는 것

06 ④
곰곰히 → 곰곰이
전세집 → 전셋집
금새 → 금세

07 ②
제시된 문장의 '훔치다'는 '물기나 때가 묻은 것을 닦아 말끔하게 하다'의 의미이다. 이와 같은 의미로 사용된 것은 ②이다.
①과 ③은 '남의 물건을 남몰래 슬쩍 가져다가 자기 것으로 함'의 의미이다.
④는 '야구에서 주자가 수비의 허점을 노려 다음 누를 차지함'의 의미이다.

08 ④
'자발없다'는 행동이 가볍고 참을성이 없다는 뜻이다. ④ '잔득하다'는 성질이나 행동이 끈기가 있다는 뜻으로 '자발없다'와 반대의 의미를 가지므로 바꾸어 쓸 수 없다.
① 경솔하다 : 말이나 행동이 조심성 없이 가볍다
② 방정맞다 : 말이나 행동이 차분하지 못하고 몹시 까불어서 가볍고 점잖지 않다.
③ 경박하다 : 언행이 신중하지 못하고 가볍다.

09 ①

② 한자루 → 한 자루
③ 꽃 처럼 → 꽃처럼
④ 틀림 없다 → 틀림없다

10 ④

정내미 → 정나미
병행되야 → 병행되어야(병행돼야)
높혔습니다 → 높였습니다
재기했다 → 제기했다
틀린 것은 모두 4개이다.

11 ②

제시된 문장의 '맞다'는 능력과 보수가 서로 맞음, 알맞음을 의미한다. '서로 응하거나 어울림'을 뜻하는 '상응하는'과 바꾸어 쓸 수 있다.

12 ②

ⓒ 성대묘사 → 성대모사
ⓒ 도리여 → 도리어

13 ①

제시된 문장의 '관계'는 '둘 이상의 사람, 사물, 현상 따위가 서로 관련을 맺거나 관련이 있음'을 의미한다. 이와 같은 의미로 사용된 것은 ①이다.
②와 ④는 '까닭, 때문'을 의미한다.
③은 '어떤 방면이나 영역에 관련을 맺고 있음'을 의미한다.

14 ③

㉠의 앞에서는 동물들이 가지고 있는 특수한 지식에 대해 설명하고 있다. 그리고 ㉠의 뒤에서는 동물들이 가지고 있는 특수한 지식과는 다른 우리 사람이 가지고 있는 보편적인 지식에 대해 설명하고 있다. 따라서 ㉠을 중심으로 앞부분에서 설명하고 있는 것과 반대되는 내용이 이어지고 있으므로 '그러나, 하지만'이 들어가는 것이 적절하다.
ⓒ의 앞 문장에서는 인간만이 아는 지식은 보편적 지식이며 불변의 지식이라고 하고 있고, ⓒ 뒤에서는 인간과 동물이 지닌 지식의 본질적 차이에 대해 언급하고 있으므로 '따라서'가 들어가는 것이 적절하다.

15 ①

① 유클리드 기하학에서 직선은 전형적인 일차원적 산물이다. 직선은 길이, 폭, 깊이 중 '길이'라는 단 하나의 성질을 갖고 있기 때문이다.
② 네 번째의 축을 그리는 것은 불가능하다는 것이 톨레미의 설명이었다.
③ 데카르트가 사차원의 가능성을 모색해 보다가 결국 포기한 것은, 눈으로 보여 줄 수 없는 것의 존재 가능성을 인정하지 않으려 했던 당시 수학자들의 저항을 극복하지 못했기 때문이다.
④ 리만은 데카르트의 좌표에 대한 정의를 활용하여 0차원에서 무한대의 차원까지 기술할 수 있다는 점을 입증하였다.

16 ③

③ 빈칸에는 기존 제작 기술의 미흡한 점이 더 나아진다는 뜻의 단어가 들어가야 한다. '개조(改造)'는 '조직, 구조 따위를 목적에 맞도록 고쳐 다시 만들다'의 뜻으로, '더 좋아지다'라는 뜻을 지니는 나머지 단어들과 바꾸어 쓸 수 없다.
① 개선(改善): 잘못된 것이나 부족한 것 따위를 고쳐서 더 좋거나 착하게 만듦
② 향상(向上) : 실력, 기술 따위가 나아짐
④ 발전(發展) : 더 좋은 상태나 더 높은 단계로 나아감

17 ③

ⓒ에서 사람들의 통념에 대해 이야기하고 ⓔ에서 이를 심화한 뒤, ⓒ에서 통념과 반대되는 의견을 제시하고 ㉠에서 그것을 뒷받침하는 예를 들고 있다.

18 ④

4% 소금물의 양을 xg이라고 하면 10% 소금물의 양은 $(600-x)$g이다.
두 소금물을 섞어 농도가 6%인 소금물 600g을 만들려고 하므로 농도에 관한 식을 세우면

$$\frac{\frac{4}{100}x + \frac{10}{100}(600-x)}{600} \times 100 = 6$$

$4x + 6000 - 10x = 3600$

$\therefore x = 400$

따라서 4%의 소금물 400g, 10%의 소금물 200g을 섞어야 한다.

19 ④

7명을 원형으로 배치하는 경우의 수는 원순열을 이용하면 $(7-1)! = 6! = 720$(가지)이다.

20 ③

동전 뒷면이 나올 확률은 $\frac{1}{2}$이고, 주사위가 4의 약수의 눈이 나오는 경우는 1, 2, 4로 3가지이므로 확률은 $\frac{1}{2}$이다.

따라서 동전은 뒷면이 나오고 주사위는 4의 약수의 눈이 나올 확률은 $\frac{1}{2} \times \frac{1}{2} = \frac{1}{4}$이다.

21 ②

정우가 자전거를 탄 거리를 $a$km, 마라톤을 달린 거리를 $b$km라고 하면

$$\begin{cases} a+b+2 = 52.5 \\ \dfrac{a}{43} + \dfrac{73}{60} + \dfrac{25}{60} = \dfrac{128}{60} \end{cases}$$

식을 연립하여 풀면

∴ $a = 21.5$, $b = 29$

따라서 정우가 자전거를 탄 거리는 21.5km이고, 마라톤을 달린 거리는 29km이다.

22 ①

A직원, B직원, C직원이 일주일 동안 생산할 수 있는 귀걸이의 개수를 각각 x, y, z라고 하면

$$\begin{cases} y = x+50 \\ x+y = 250 \\ 2y = z \end{cases}$$

식을 연립하여 풀면

∴ $x = 100$, $y = 150$, $z = 300$

따라서 C직원과 A직원이 일주일 동안 생산하는 귀걸이의 개수는 $x + z = 400$(개)이다.

23 ②

처음 사각형의 가로 길이를 $a$cm, 세로 길이를 $b$cm라고 하면

$$\begin{cases} 2(a+b) = 200 \\ 2(1.1a + 0.95b) = 200 \times 1.055 \end{cases}$$

식을 연립하여 풀면

∴ $a = 70$, $b = 30$

처음 사각형의 가로 길이는 70cm, 가로는 30cm이다. 따라서 넓이는 $70 \times 30 = 2{,}100$(cm²)이다.

24 ②

$$\frac{1}{\sqrt{2}} \times \sqrt{32} \times \sqrt[3]{27} = \frac{1}{\sqrt{2}} \times 4\sqrt{2} \times 3$$
$$= 12$$

25 ③

2점, 3점, 4점짜리 문제 개수를 각각 x, y, z라 하면

$x+y+z = 30$ … ㉠

$2x + 3y + 4z = 80$ … ㉡

$x \geq 1$, $y \geq 1$, $z \geq 1$

ⅰ) ㉠과 ㉡을 연립하여 y를 소거하면

$x - z = 10$, $x = z + 10$

그런데 $z \geq 1$에서 $x \geq 11$

$x = 11$일 때, $z = 1$, $y = 18$이 조건을 만족시키므로 x의 최솟값은 11이다.

∴ A = 11

ⅱ) ㉠과 ㉡을 연립하여 z를 소거하면

$2x + y = 40$, $2x = 40 - y$

그런데 $y \geq 1$에서 $x \leq \dfrac{39}{2}$

x가 자연수이므로 $x \leq 19$

이때 $y = 2$, $z = 9$가 주어진 조건을 만족시키므로 x의 최댓값은 19이다.

∴ B = 19

따라서 A + B = 19 + 11 = 30

26 ③

차고지에서 출발하는 버스는 3분 동안 두 정류장을 지나므로, 정류장당 90초의 시간을 소비하고, 종점에서 출발하는 버스는 5분 동안 세 정류장을 지나므로, 정류장당 100초의 시간을 소비한다. 따라서 90과 100의 최대공배수인 900, 즉 900초 후인 15분 후에 두 버스는 처음 만나게 된다. 그때의 위치는 11정류장이다.

27 ①

$\times 4$, $\times \frac{1}{2}$이 반복되는 규칙이다.

28 ②

앞의 두 항의 합이 그 다음 항이 되는 피보나치수열이다. 24+39=63이다.

29 ③

알파벳 순서에서 -1, -2, -3, -4, -5…가 되는 규칙이다.
R(18), Q(17), O(15), L(12), H(8)이므로
빈칸에는 알파벳 순서상 3번째인 C가 들어간다.

30 ③

홀수 항은 ÷2가 반복되고, 짝수 항은 ×3이 반복되는 규칙이다.

31 ④

ⓒ 계속사업이익의 전년 대비 증가율은 $\frac{486{,}531-430{,}209}{430{,}209}$ × 100 ≒ 13.09(%), 순이익의 전년 대비 증가율은 $\frac{393{,}505-346{,}708}{346{,}708}$ ×100 ≒ 13.49(%)이다.

ⓔ 매출액 대비 영업이익이 차지하는 비중은

2024년: $\frac{435{,}363}{8{,}242{,}973}$ × 100 ≒ 5.28(%),

2025년: $\frac{499{,}200}{8{,}356{,}731}$ × 100 ≒ 5.97(%)

로 1%p 이내로 차이 난다.

ⓐ 2025년 전년 대비 증가액을 구하면, 영업이익은 63,837억 원, 순이익은 46,797억 원이다. 영업이익의 전년 대비 증가액만 5조 원 이상이다.

ⓑ 매출액 대비 순이익이 차지하는 비중은

2024년: $\frac{346{,}708}{8{,}242{,}973}$ × 100 ≒ 4.2(%),

2025년: $\frac{393{,}505}{8{,}356{,}731}$ × 100 ≒ 4.7(%)

이다. 2025년에도 5%를 넘지 못한다.

32 ④

A고객은 기대출금액이 없으므로 3,000만 원 + 농지소유(1,000만 원 추가 대출) = 4,000만 원 대출, 홍천 거주(0.2%) + 체크카드(0.1%) = 0.3% 우대금리

B고객은 기대출금액이 6,000만 원으로 대출실행 불가

C고객은 신용등급에서 탈락하여 대출실행 불가

D고객은 소득증빙이 없어 대출실행 불가

E고객은 기대출금액이 없으므로 3,000만 원 대출, 홍천 거주(0.2%) + 신용카드(0.1%) + 체크카드(0.1%) = 0.4% 우대금리

따라서 최대 금액으로 대출받을 수 있는 고객은 A, 가장 높은 우대금리를 받을 수 있는 고객은 E이다.

33 ③

③ 2024년 N은행의 총자산 대비 이자수익 비율은 5.8%이고, H은행의 총자산 대비 이자수익 비율은 3.2%이므로 2배 이상은 아니다.

① N은행의 2024년 총자산 대비 비이자수익 비율은 6.7%(12.5 − 5.8)이므로 시중은행 평균인 5.2%(9.7 − 4.5)보다 높다.

② N은행의 영업수익에서 비이자수익이 차지하는 비중은 2020년에는 48.9%이고, 2024년에는 44.7%이므로 4%p 이상 감소하였다.

④ 2024년 N은행의 총자산 대비 영업수익 비율은 12.5%이고, 시중은행 평균은 9.7%이므로 2.8%p 차이가 나므로 2.5%p 이상 높다.

34 ④

2025년 N은행 영업수익이 2024년과 동일하다면 2025년 영업수익 역시 13조 3천 4백억 원이 된다. 여기서 이자수익의 비중을 2024년보다 5%p 이상 높이려면 2025년의 영업수익 대비 이자수익 비중이 60.3% 이상이 되어야 한다. 따라서 133.4천억 원 × 0.603 ≒ 80.44천억 원이므로, 이자수익이 8조 5백억 원이 되어야 2024년보다 이자수익 비중을 5%p 이상 높일 수 있게 된다.

35 ①

제시문은 인과적 오류(원인 오판의 오류, 거짓 원인의 오류)를 범하고 있다. 이와 같은 오류를 범하고 있는 것은 ①이다.

② 힘에 호소하는 오류

③ 연민에 호소하는 오류

④ 허수아비 공격의 오류(상대방의 주장을 왜곡, 과장하거나 오해하여 이를 공격)

36 ②

제시된 내용은 결합의 오류이다. 이는 개별 요소들이 어떤 특성을 갖고 있다고 해서 그 요소들로 구성된 복합체도 그 특성을 갖고 있다고 추론하는 오류이다. 이와 같은 오류를 범하는 것은 ②이다.

① 잘못된 유추의 오류

③ 대중에 호소하는 오류

④ 흑백사고의 오류

37 ③

'백합을 좋아하는 사람은 노란색을 좋아하지 않는다'의 대우 명제는 '노란색을 좋아하면 백합을 좋아하지 않는다'이다. 감성적인 사람은 노란색을 좋아하고, 노란색을 좋아하면 백합을 좋아하지 않으므로 감성적인 사람은 백합을 좋아하지 않는다.

38 ②

등산을 좋아하는 사람은 민첩하고, 리더십이 있다. (↔ 민첩하지 않으면 등산을 좋아하지 않는다. 리더십이 없으면 등산을 좋아하지 않는다.)

웃음이 많은 사람은 민첩하다. (↔ 민첩하지 않은 사람은 웃음이 많지 않다.)

활동적인 많은 사람은 등산을 좋아한다. (↔ 등산을 좋아하지 않는 사람은 활동적이지 않다.)

따라서 리더십이 없으면 등산을 좋아하지 않고, 등산을 좋아하지 않는 사람은 활동적이지 않다.

39 ③

두 번째 진술을 보면 C가 남성일 경우 B와 E는 남성이어야 하는데 네 번째 진술에 의해서 E는 여성이므로 C는 여성이 된다. (후건부정법)

C가 여성으로 나왔기 때문에 첫 번째 진술에서 A가 여성일 경우, B와 C는 남성이어야 하므로 A는 남성이다. B와 D의 성별은 제시된 진술만으로는 확정 지을 수 없다.

나올 수 있는 경우를 살펴보면 B가 남성인 경우 D는 여성이고 D가 남성인 경우 B는 여성이다. 그러나 B가 여성인 경우 D의 성별을 파악할 수 없고 마찬가지로 D가 여성인 경우 B의 성별을 파악할 수 없기 때문에 ③은 반드시 참이 아니다.

40 ③

다영은 수학, 라영은 과학을 선택하였다. 남은 국어, 영어 중 가영이 국어를 선택하지 않았으므로 가영은 영어를 선택하였다. 따라서 나영은 국어를 선택했다.

41 ①

9시에 출근 : p, 회사원 : q, 지각을 함 : r, 버스를 탐 : s라고 했을 때, 제시된 명제는 다음과 같이 표시할 수 있다.
9시에 출근하는 사람은 회사원이 아니다. (p → ~q ↔ q → ~p)
지각을 한 사람은 버스를 탄 사람이다. (r → s ↔ ~s → ~r)
회사원이면 지각을 하지 않는다. (q → ~r)
q → ~r의 결론이 위 두 명제에서 나오려면,
q → ~p → ~s → ~r에서 ~p → ~s에 해당하는 명제가 밑줄 친 부분에 들어가야 한다. 따라서 답은 ①이다.

42 ④

크지 않은 사과가 맛있고, 맛있는 사과는 빨갛지 않다.
빨간 사과는 맛이 없고, 맛이 없는 사과는 껍질이 두껍다.

43 ②

병의 등수가 갑보다 낮고 을보다 높으므로
갑－병－을
정이 을보다는 등수가 낮으므로
갑－병－을－정
무는 앞 순위에 2명 이상이 있으므로 1등과 2등이 될 수 없고 3등 또는 4등이다.(정이 무보다 등수가 낮다고 했으므로 5등은 될 수 없다)
따라서 다음과 같은 두 가지 경우가 가능하다.
ⅰ) 갑－병－무－을－정
ⅱ) 갑－병－을－무－정
이때, 을이 1등이나 3등은 아니라고 했으므로 ⅰ)의 경우만 가능하다.
따라서 제시된 선택지 중 ②의 설명이 틀렸다.

44 ③

나올 수 있는 경우는 총 2가지이다.
ⅰ) 갑 : 된장찌개, 을 : 김치찌개, 병 : 순두부찌개, 정 : 된장찌개
ⅱ) 갑 : 된장찌개, 을 : 김치찌개, 병 : 된장찌개, 정 : 순두부찌개
그러므로 어떠한 경우라도 순두부찌개를 선택한 사람은 한 명이 된다.

45 ②

모든 남학생은 농구를 좋아하고, 어떤 남학생은 테니스를 좋아하므로, 어떤 남학생은 테니스와 농구를 모두 좋아한다.

46 ④

총 이동 거리는 95km이다. 거리에 따른 각 이동수단의 비용을 계산하면 다음과 같다.
본사차량 A : 95km ÷ 5km/L = 19(L)이다.
　　　　　　 따라서 비용은 19L × 1,500원/L = 28,500(원)이다.
본사차량 B : 95km ÷ 10km/L = 9.5(L)이다.
　　　　　　 따라서 비용은 9.5L × 1,500원/L = 14,250원이다.
택시 : 10km는 기본요금이 3,800원이고 이후 km당 500원의 비용이 소요된다.
　　　 85km × 500원 = 42,500(원)이고, 여기에 기본요금 3,800원까지 더하면 총비용은 46,300원이다.
지하철 : 1회 요금이 1,350원이고 지점 X, Y를 돌아 본사까지 돌아오기 위해선 3번을 타야 하기 때문에 총 요금은 4,050(원)이다.
따라서 가장 저렴한 이동수단은 요금이 4,050원인 지하철이고, 가장 비싼 이동수단은 요금이 46,300원인 택시이다.

47 ②

② 표를 보면 을과 무의 경우 출납(5분), 기업대출(50분), 가계대출(35분)에 소요되는 상담시간이 동일함을 알 수 있다.
① 〈조건〉에 의하면 각 업무별 한 명 이상의 고객은 상담하여야 하므로 시간이 가장 오래 걸리는 업무 상위 3개(계좌개설, 기업대출, 가계대출)의 고객 상담시간을 8시간에서 차감한다. 이때 계좌개설, 기업대출, 가계대출 상담고객은 1명만으로 계산한다. 출납업무로 고객을 응대한 시간은 8시간에서 120분(상위 3개 업무시간 합)을 제외하면 360분이다. 따라서 360분을 5분으로 나누면 72명이므로, 최대 72명 + 3명 = 75(명)을 응대할 수 있다.
③ 병은 가계대출 관련 상담업무에 가장 긴 시간을 보낸다.
④ 각 업무마다 소요되는 상담시간을 모두 더하면 갑이 125분(2시간 5분), 병이 120분(2시간)으로 두 명의 직원이 2시간 이상 걸린다. 을은 105분, 정은 90분, 무는 115분으로 2시간이 되지 않는다.

48 ④

모든 인원이 안 될 경우엔 최대한 많은 인원이 참석할 수 있게 시간을 잡고, 직급이 높은 임직원이 우선순위로 참석할 수 있게 회의 시간을 잡아야 한다.

가장 많은 인원이 참석할 수 있는 시간은 사원은 참석하지 못하지만 다른 임직원들은 모두 참석 가능한 15:00~16:00 이다.

49 ④

첫째, 청음 시설이 우선순위가 가장 높기 때문에 하나라도 ×가 있다면 제외해야 한다. 따라서 일차적으로 가와 마는 제외한다.

둘째, 두 번째 우선순위는 멀티미디어 시설이기 때문에 멀티미디어 설비에 ×가 있는 나를 제외해야 한다.

셋째, 다의 저녁식사 가격은 1인당 18,500원이며 上品질이고, 라는 15,000원이며 中品질이다. 2,000원 차이라면 한 단계 위 품질의 식사를 선택하는 것이 가능하지만 다와 라의 가격 차이가 3,500원이기 때문에 라를 선택한다.

50 ④

회사에서 시간 관리를 할 때 가장 중요한 것은 본인이 꼭 수행해야 하는 업무의 비중과 예상치 못한 일이나 잡일 같은 유동적 업무의 비중을 6:4 정도로 적절하게 나눠야 하는 것이다. 정 사원은 부수적인 업무나 잡일 등을 고려하지 않고 본인의 주요 업무만 고려하여 일정을 계획했기 때문에 발표 준비가 지연됐다고 할 수 있다.

51 ③

③ 자신의 편리함을 최우선으로 챙기기 위해 할 일을 미뤘으며, 이로 인해 시간이 낭비되게 되었다.

52 ④

농협의 미래상은 국민의 농협, 농민의 농협, 농축협 중심의 농협, 글로벌 농협이다.

53 ③

농협의 비전은 '변화와 혁신을 통한 새로운 대한민국 농협'이고, 슬로건은 '희망농업, 행복농촌 농협이 만들어 갑니다'이다.

54 ①

농협의 혁신전략은 다음과 같다.
- 농업인·국민과 함께 '농사같이(農四價値) 운동' 전개
- 중앙회 지배구조 혁신과 지원체계 고도화로 '농축협 중심'의 농협 구현
- 디지털 기반 '생산·유통 혁신'으로 미래 농산업 선도, 농업소득 향상
- '금융부문 혁신'과 '디지털 경쟁력'을 통해 농축협 성장 지원
- '미래경영'과 '조직문화 혁신'을 통해 새로운 농협으로 도약

55 ④

녹색은 순수한 자연을 세상에 널리 전하는 농협의 건강한 이미지를 표현한다.

56 ④

B : 업무를 실제로 배정할 때에는 일의 동일성, 유사성, 일의 관련성에 따라 이루어진다.

C : 업무를 배정할 때 각각의 업무들이 동시간대에 해야 되는 일인지를 고려하는 것은 업무 상호 관련성에 대한 내용으로 옳은 설명이다.

A : 조직의 업무배정은 조직 내 상하로 배분하지 않고 팀이나 부서별로 배분한다. 그러므로 조직의 업무배정은 조직을 세로로 분할하는 것을 의미한다.

D : 일의 성격이 완전히 같거나 유사하다면 하나의 그룹으로 묶어 동일한 부문에 배정하는 것이 일반적이며, 이는 일의 동일성 및 유사성에 따른 배정이다.

57 ③

생산관리팀에서는 제품 생산에 관련된 경영전략을 세워야 하므로 '제품 불량률 3% 이하 달성'이 가장 알맞다.

외국 마트와 백화점 내 상품 점유율을 증가시키기 위한 전략은 해외영업팀에서 세워야 하며, 회사 홈페이지 개편은 기획자와 개발자가 하는 것이므로, 기획팀과 개발팀에서 전략을 세워야 한다.

58 ④

예산편성의 전결권자는 전무로 전결 표시를 하고 서명해야 한다. 최종 결재권자인 사장 결재란은 사선으로 표시하고 전결권자 이하 직책자의 결재를 받는다.

59 ④

㉣은 원가우위전략으로 이는 대량생산 및 새로운 생산기술의 개발로써 달성할 수 있다.

※ 마이클 포터의 경영전략
경쟁업체들이 모방할 수 없는 경쟁우위를 달성함으로써 경영을 성공적으로 이끄는 전략으로 이를 위해 원가우위전략을 바탕으로 하는 비용우위전략과 차별화전략, 집중화전략을 제시하고 있다.

60 ③

경영자의 의사결정적 역할은 문제를 조정하거나 분쟁을 조정하거나 대외적 협상을 주도하는 일을 한다. 문제에서 박 과장은 특유의 친화력과 이해심으로 팀과의 갈등에서 문제를 원만히 해결했으므로 의사결정적 역할을 하고 있다고 볼 수 있다.

제4회 직무능력평가

01. ①	02. ①	03. ⑤	04. ④	05. ③
06. ③	07. ⑤	08. ⑤	09. ⑤	10. ①
11. ①	12. ②	13. ②	14. ⑤	15. ⑤
16. ④	17. ①	18. ④	19. ②	20. ②
21. ③	22. ④	23. ④	24. ②	25. ④
26. ⑤	27. ⑤	28. ①	29. ④	30. ④
31. ④	32. ③	33. ①	34. ③	35. ①
36. ④	37. ②	38. ⑤	39. ④	40. ②
41. ④	42. ①	43. ①	44. ④	45. ③
46. ①	47. ②	48. ④	49. ②	50. ③
51. ④	52. ②	53. ③	54. ⑤	55. ③
56. ②	57. ①	58. ④	59. ②	60. ②
61. ②	62. ③	63. ②	64. ⑤	65. ④
66. ⑤	67. ⑤	68. ①	69. ④	70. ①

01 ①

우수리는 물건값을 제하고 거슬러 받는 잔돈을 뜻하는 말로, 거스름돈과 그 의미가 비슷하다.
알돈 : 몹시 소중한 돈
속가름 : 돈이나 물품의 총액, 조목별 액수 등을 밝히는 것
품돈 : 품삯으로 받는 돈
마수걸이 : 맨 처음으로 물건을 파는 일. 또는 거기서 얻은 소득

02 ①

5개 문장 모두 맞춤법에 맞지 않는다.
치뤘으니 → 치렀으니
다리자 → 달이자
개여 → 개어
왠일로 → 웬일로
곱배기 → 곱빼기

03 ⑤

건들였지만 → 건드렸지만
'일에 손을 대다'의 의미를 가지는 단어는 '건드리다'이다.

04 ④

㉠에 쓰인 '같이'는 '앞말이 보이는 전형적인 어떤 특징처럼'의 뜻을 나타내는 격 조사로, 체언 뒤에 붙여 쓴다. '얼음장같이'로 쓰는 것이 옳다.
㉡에 쓰인 '같이'는 여럿임을 뜻하는 말 뒤에 쓰이는 부사로 띄어 쓰는 것이 옳다.
㉢에 쓰인 '같이'는 앞말이 나타내는 그때를 강조하는 격 조사로 체언 뒤에 붙여 쓴다. '매일같이'로 쓰는 것이 옳다.
㉣ 눈 같이 → 눈같이
여기서 쓰인 '같이'는 ㉠과 마찬가지로 격 조사이다. '눈같이'로 붙여 써야 한다.

05 ③

㉠ '-대(臺)'는 값이나 수를 나타내는 대다수 명사 또는 명사구 뒤에 붙어 '그 값 또는 수를 넘어선 대강의 범위'의 뜻을 더하는 접미사로 앞말에 붙여 적는다.
㉡ '씨'는 성년이 된 사람의 성이나 성명, 이름 아래에 쓰여 그 사람을 높이거나 대접하여 부르거나 이르는 의존명사로서 앞말과 띄어 쓴다.
㉢ 온라인 상 → 온라인상
'-상'은 '추상적인 공간에서의 한 위치'의 뜻을 더하는 접미사로서 앞말과 붙여 쓰므로, '온라인상에서도' 붙여 써야 한다.
㉣ 부지런한 지 → 부지런한지
'부지런한지'는 형용사 '부지런하다'의 어간에 '막연한 의문'을 나타내는 종결 어미 '-ㄴ지'가 결합한 말이므로 '부지런한지'로 붙여 써야 한다.

06 ③

주민들의 시청사 이전 반대 의사를 시장 측은 전혀 귀담아 듣지 않고 있으므로 '마이동풍'이 가장 어울린다.
마이동풍 : 동풍이 말의 귀를 스쳐 간다는 뜻으로, 남의 말을 귀담아듣지 아니하고 지나쳐 흘려버림을 이르는 말
① 가담항설 : 거리나 항간에 떠도는 소문. 즉 뜬소문
② 호사다마 : 좋은 일에는 흔히 방해되는 일이 많음
④ 고장난명 : 혼자의 힘만으로 어떤 일을 이루기 어려움
⑤ 호가호위 : 남의 권세를 빌려 위세를 부림

07 ⑤

과학자가 만들어 낸 환경오염이라는 문제는 이를 만들어 낸 과학자가 해결해야 한다는 것이므로, '결자해지'가 어울린다.
결자해지 : 자기가 저지른 일은 자기가 해결하여야 함

① 부화뇌동 : 줏대 없이 남의 의견에 따라 움직임
② 중과부적 : 적은 수효로 많은 수효를 대적하지 못함
③ 주마간산 : 자세히 살피지 아니하고 대충대충 보고 지나감
④ 간난신고 : 몹시 힘들고 어려우며 고생스러움

08 ⑤
⑤ 환난상휼(患難相恤)은 어려운 일이 생겼을 때 서로 도와야 함을 이르는 말이다.
①, ②, ③, ④는 모두 겉과 속이 다름을 뜻하는 말이다.

09 ⑤
ⓛ, ⓒ, ⓔ, ⓜ이 맞춤법에 맞다. '삼촌', '사글세', '미숫가루', '바람'을 '삼춘', '삭월세', '미싯가루', '바램'으로 쓰지 않도록 주의한다.
㉠ '돈이나 재산을 모두 없앰'이라는 뜻인 '털어먹다'로 써야 한다.
㉧ '수소'가 옳다. 수컷을 이르는 접두사는 '수 –'로 통일한다. 예외로는 '숫양, 숫염소, 숫쥐'가 있다.

10 ①
오종종하다 : 잘고 둥근 물건들이 한데 빽빽하게 모여 있다.
오동통하다 : 몸집이 작고 통통한 모양
땅딸막하다 : 키가 작고 몸집이 옆으로 딱 바라지다.

11 ①
미흡 : 흡족하지 못하거나 만족스럽지 않음
미비 : 아직 다 갖추지 못한 상태
미흡과 미비는 유의어 관계이다. 이와 같이 유의어 관계가 아닌 것은 ①이다.
단초 : 일이나 사건을 풀어나갈 수 있는 첫머리

12 ②
① 떠세 : 재물이나 힘 따위를 내세워 젠체하고 억지를 씀
③ 뎅걸뎅걸 : 벽이나 문을 사이에 두고 들리는 여러 사람의 떠드는 소리
④ 귀잠 : 아주 깊이 든 잠
⑤ 쌩이질 : 한창 바쁠 때 쓸데없는 일로 남을 귀찮게 하는 짓

13 ②
② 예문의 '쪄서'는 '뜨거운 김을 쐬듯이 매우 더워지다'라는 의미로, ②와 의미가 유사하다.
① 나무나 풀 따위를 베어 내다.
③ 머리카락을 뒤통수 아래에 틀어 올리고 비녀를 꽂다.
④ 살이 올라서 뚱뚱해지다.
⑤ 고인 물이 없어지거나 줄어들다.

14 ⑤
모두 고려와 관련된 키워드이다.

15 ⑤
⑤ '진골'이 아닌 '성골'에 대한 설명이다.

16 ④
개구리를 제외한 나머지는 모두 파충류이다. 개구리는 양서류이다.

17 ①
쥐불놀이는 민속놀이, 더위팔기는 남에게 더위를 파는 풍속으로 모두 정월대보름에 행하며, 부럼과 오곡밥은 이때 먹는 음식이다.

18 ④
④ 팬터마임은 대사 없이 표정과 몸짓만으로 내용을 전달하는 연극을 의미한다.
나머지는 모두 음악, 특히 오페라와 관련된 용어들이다.
① 카스트라토 : 여성이 무대에 설 수 없었던 바로크시대 오페라에서 여성의 음역을 노래한 남성 가수
② 라보엠 : 이탈리아의 작곡가 푸치니가 완성한 4막의 오페라
③ 프리마돈나 : 오페라의 여주인공을 맡은 가수
⑤ 아리아 : 오페라 등에서 주인공에 의해 불려지는 서정적이고 아름다운 독창곡

19 ②
첩지는 부녀자들의 머리 위를 꾸미던 장신구, 갓은 조선시대 성인 남자가 머리에 쓰던 관모, 조바위는 조선시대 부녀자들이 사용하던 방한모, 족두리는 부녀자가 혼례복 등 예복에 갖추어 쓰던 관을 가리킨다. 모두 머리에 사용하는 장신구나 모자들이다.

20 ②
㉠에서 신문고에 대해 소개한 뒤 ㉢에서 아무나 칠 수 없음을 말하였고, 이에 대해 ㉫에서 서울과 지방의 경우를 나누어 자세히 부연하였다. ㉤, ㉣, ㉥에서 차례로 신문고를 치고자 하면 관리에게 보고한 후 관리가 이를 확인·조사한 후 신문고를 치게 하였음과 이후의 처리 과정을 상술하였다.

21 ③

③ 긍정적 외부효과와 부정적 외부효과는 모두 시장 원리의 작동을 방해한다. 이는 한 경제 주체가 다른 경제 주체에게 미치는 영향이 시장 또는 가격을 통해 적절하게 보상되지 않기 때문이다.

22 ④

④ 서류접수는 3월 25일~4월 19일까지이고, 서류 통과자는 5월 3일까지 작품 접수를 해야 한다.

23 ④

④ 출품비 지원에 대해 대화에서는 출품작당 15만 원을 지원한다고 했는데, 안내문에는 인당 15만 원을 지원한다고 잘못 반영되어 있다.

24 ②

② 제시문에서 계급 내지 성별 차별이 있다고 설명되어 있고, 역사적으로 시민권자(여성, 노예 제외)에게만 행해졌던 교육도 존재하므로, 알 수 없는 내용이다.
① 고대 그리스를 강성하게 일으킨 것도 교육의 영향이었고, 현대의 인간소외현상이 전인교육을 다시 돌아오게 한 것으로 보아 역사에서 요구하는 시대적 가치관과 교육의 흐름은 서로 영향을 받는다고 할 수 있다.
③ 네 번째 문단에서 심리학자인 매슬로(A. Maslow)의 주장으로 확인할 수 있다. 아울러 전인교육을 주장한 앞의 학자의 내용에서 '또한' 접속사로 내용이 추가된 것으로 보아, 같은 내용의 연속으로 볼 수 있다.
④ 세 번째 문단에서 해당 내용 확인이 가능하다.
⑤ 두 번째 문단의 첫 문장에서 해당 내용 확인이 가능하다.

25 ④

①, ② 첫 번째 그래프를 통해 사업수행 정도는 신용사업이 가장 높고, 가공사업이 가장 낮음을 알 수 있다.
③, ⑤ 두 번째 표를 보면, 전문가가 선정한 가장 중요한 농협의 사업은 농축산물 판매사업(83.3%)이고, 이 중 산지 유통기반 확충이 가장 중요한 요소다.

26 ⑤

⑤ 봉지 벗기기는 수확 40일 전에 실시하되, 2중 봉지의 경우 겉봉지를 벗긴 후 5~7일 뒤에 속봉지를 벗겨야 한다. 따라서 봉지 벗기기는 수확 시기를 고려하여 시기에 맞게 나누어서 실시해도 된다.

27 ⑤

⑤ 기준을 초과하여 받은 금품이 부패·변질 등으로 경제적 가치가 훼손될 우려가 있는 경우에는 사회 복지시설 또는 공익단체 등에 기증할 수 있다. 다만 임직원이 직접 기증하는 것이 아니라, 신고를 받은 지역윤리경영책임관 또는 윤리경영책임관이 처리해야 한다.

28 ①

㉠ 2021~2024년 서울·충남·전북 전체 지역농협의 A물품 신규 배치량은 10,000개이고 4년 동안 2,400개가 더 보급되었다면, 전체 지역농협의 A물품 신규 배치량은 12,400개가 되므로 4년 평균 신규 배치량은 3,100개이다.
㉡ 충남농협의 연도별 A물품 비중은 2021년 16.6%, 2022년 17.3%, 2023년 16.0%, 2024년 75%이므로 가장 비중이 작은 해는 2023년이다.
㉢ 2021년 A물품의 총 매입가격은 (590만 원×3,000 + 560만 원×600)이고, 2024년 A물품의 총 매입가격은 (560만 원×450 + 640만 원×150)이므로 두 식을 비교해보는 것만으로도 2021년이 2024년보다 높음을 알 수 있다.

29 ④

㉠ 통근 소요시간이 1시간 미만인 통근자의 비율은 A(71.1), B(73.4), C(87.1), D(94), E(81.2)로 전체 통근자 수의 70% 이상이다.
㉢ 통근 소요시간이 30분 이상인 통근자 수 대비 30분 이상 1시간 미만인 통근자 수의 비율을 구해보면 다음과 같다.

소요시간 지역	30분 이상 1시간 미만(ⓐ)	30분 이상(ⓑ)	(ⓐ/ⓑ)×100
A	40.5	69.4	58.3
B	32.8	59.4	55.2
C	38.8	51.7	75.0
D	26.3	32.3	81.4
E	34.0	52.8	64.4

따라서 비율이 두 번째로 높은 지역은 C이다.
㉡ 주어진 자료에서는 각 지역에 따른 통근자의 통근시간에 대한 비율만이 주어져 있고 해당지역에서 통근하는 인원수가 나와 있지 않으므로 통근 소요시간 1시간 이상의 통근자 수가 가장 많은 지역을 판단할 수 없다.

30 ④

최대로 대출을 받으려면 Y부장은 D상품, J대표는 B상품, S사무관은 C상품을 선택해야 하며 3명의 대출금액을 합하면 총 4억 원이다.

31 ④

동민이 얻게 되는 이득은 일반 할부 구매 시 발생하는 총 할부 수수료 상당액이다. 따라서 총 할부 수수료를 구하면

$$\left(\frac{\text{할부원금}\times\text{할부 수수료율}\times(\text{할부개월수}+1)}{2}\right)\div 12$$

$$=\left(\frac{60\text{만 원}\times 0.20\times(6+1)}{2}\right)\times\frac{1}{12}$$

$$= 35,000(\text{원})\text{이다.}$$

32 ③

$$\text{매달 할부 수수료} = \frac{\text{잔여할부원금}\times\text{할부 수수료율}}{12}$$

이므로 매달 할부 수수료 및 납부금액을 계산하여 정리하면 다음과 같다.

할부회차	원금	할부 수수료	납부금액
1회 차	10만 원	$\frac{60\text{만 원}\times 0.2}{12}$ $= 10,000$원	11만 원
2회 차	10만 원	$\frac{50\text{만 원}\times 0.2}{12}$ $= 8,333$원	10만 8,333원
3회 차	10만 원	$\frac{40\text{만 원}\times 0.2}{12}$ $= 6,666$원	10만 원 (수수료 면제)
4회 차	10만 원	$\frac{30\text{만 원}\times 0.2}{12}$ $= 5,000$원	10만 원 (〃)
5회 차	10만 원	$\frac{20\text{만 원}\times 0.2}{12}$ $= 3,333$원	10만 원 (〃)
6회 차	10만 원	$\frac{10\text{만 원}\times 0.2}{12}$ $= 1,666$원	10만 원 (〃)

부분 무이자 할부로 1~2회 차는 본인 부담이므로, 동민이 얻는 이득은 3~6회 차의 할부 수수료이다. 따라서 3~6회 차 할부 수수료는 $6,666 + 5,000 + 3,333 + 1,666 = 16,665(\text{원})$ 이다.

33 ①

$\times 2$, $+3$이 반복되는 규칙이다.
$3\times 2 = 6$, $6 + 3 = 9$, $9\times 2 = 18$, $9 + 3 = 21$, $21\times 2 = (42)$, $(42) + 3 = 45$이므로 빈칸에 들어갈 숫자는 42이다.

34 ③

가로 숫자끼리는 나누고 세로 숫자끼리는 빼주면 가운데 숫자가 나오는 규칙이다.
$54\div 6 = 9$, $12 - 3 = 9$
$68\div 4 = 17$, $19 - 2 = 17$

35 ①

한글 자음 ㄱ, ㄴ, ㄷ 순서에서 $+6$, -5, $+4$, -3, $+2$, … 의 규칙이다.
ㄱ → ㅅ → ㄴ → (ㅂ) → ㄷ → ㅁ

36 ④

$x^3 + y^3 = (x+y)^3 - 3xy(x+y) = 16$
$x + y = 4$라고 했으므로
$64 - 12xy = 16$
$12xy = 48$
$\therefore xy = 4$
$x^2 + y^2 = (x+y)^2 - 2xy$
$x + y = 4$, $xy = 4$라고 했으므로 $x^2 + y^2 = 16 - 8 = 8$이다.

37 ②

$$\sqrt{4\sqrt[3]{16\sqrt[4]{64}}} = \sqrt{2^2\times\sqrt[3]{2^4\times\sqrt[4]{2^6}}}$$
$$= \sqrt{2^2\times\sqrt[3]{2^4\times 2^{\frac{3}{2}}}}$$
$$= \sqrt{2^2\times\sqrt[3]{2^{\frac{11}{2}}}}$$
$$= \sqrt{2^2\times 2^{\frac{11}{6}}}$$
$$= \sqrt{2^{\frac{23}{6}}}$$
$$= 2^{\frac{23}{12}}$$

38 ⑤

문학책의 총 페이지 수를 x라고 하면
$$70 + 50 + 80 + \frac{3}{4}(x - 200) + 120 = x$$
$$\frac{3}{4}x - 150 + 320 = x$$
$$\frac{1}{4}x = 170$$
$$\therefore x = 680$$
따라서 A가 읽은 문학책의 총 페이지 수는 680페이지이다.

39 ④

전체 일의 양을 1이라 하자. 이 대리와 강 사원이 혼자서 하루에 할 수 있는 일의 양은 각각 $\frac{1}{6}$, $\frac{1}{12}$ 이다.

두 사람이 협업을 한다면 하루에 할 수 있는 일의 양은 $\frac{1}{6}+\frac{1}{12}=\frac{1}{4}$ 이다.

두 사람이 x일 만에 일을 끝낸다면 $\frac{1}{4}x=1$, $x=4$(일)이다.

40 ②

두 수의 합이 짝수가 되는 경우는 (짝수, 짝수), (홀수, 홀수)의 경우가 있다.

먼저 (짝수, 짝수)를 뽑을 경우의 수는 2, 4, 6, 8 네 장의 카드 중 2장을 뽑는 경우이므로 $_4C_2=\frac{4\times3}{2}=6$(가지)이고,

(홀수, 홀수)를 뽑는 경우의 수는 1, 3, 5, 7, 9 다섯 장의 카드 중 2장을 뽑는 경우이므로 $_5C_2=\frac{5\times4}{2}=10$(가지)이다.

따라서 두 수의 합이 짝수가 되는 경우는 16가지이다.

41 ④

작년 사과 수확량을 a상자, 배 수확량을 b상자라고 하면
$$\begin{cases} a+b=500 \\ \frac{15}{100}a-\frac{10}{100}b=500\times\frac{8}{100} \end{cases}$$
$\therefore a=360$, $b=140$

작년 사과 수확량은 360상자이고, 배 수확량은 140상자이다. 따라서 올해 사과 수확량은 작년에 비해 15% 증가했으므로, $360+360\times\frac{15}{100}=414$(상자)이다.

42 ①

여학생이 적어도 1명은 대표로 뽑힐 확률은 전체 확률에서 대표 모두 남학생이 뽑힐 확률을 뺀 값이다.

따라서 구하는 확률은 1−(모두 남학생이 뽑힐 확률)
$=1-\frac{8\times7\times6}{14\times13\times12}=\frac{11}{13}$ 이다.

43 ①

① 명수는 영어를 잘하고, 영어를 잘하는 사람은 과학을 잘한다. 따라서 명수는 과학을 잘한다. 과학을 잘하는 사람 중 어떤 사람은 수학을 잘한다고 하였으므로, 명수는 수학을 잘할 수도 잘하지 못할 수도 있다.
② 명수는 영어를 잘하고, 영어를 잘하는 사람은 과학을 잘하므로 명수는 과학을 잘한다.

③ 명수는 영어를 잘하는데, 영어를 잘하는 사람 중 일부는 국어를 잘하므로 명수는 국어를 잘하지 않을 수도 있다.
④ ㉠의 대우명제이다.
⑤ 영어를 잘하는 사람 중 일부가 국어를 잘한다고 했으므로, 영어를 잘하는 사람 중 국어를 잘하지 않는 사람도 있음을 알 수 있다.

44 ④

④ 농구를 좋아하는 학생은 축구를 좋아한다(㉢의 대우명제). 이때, 축구와 핸드볼의 관계를 살펴보면, 축구를 좋아하지 않는 학생은 핸드볼도 좋아하지 않는다(㉠). 이 명제의 '이'를 참이라 할 수 없다. 따라서 이 진술은 참이 아니다.
① ㉣의 대우명제로 알 수 있다.
② 핸드볼을 좋아하는 학생은 야구를 좋아하지 않고(㉡의 대우명제), 야구를 좋아하지 않는 학생은 탁구를 좋아한다(㉣의 대우명제). 따라서 핸드볼을 좋아하는 학생은 탁구를 좋아한다.
③ ㉢의 대우명제로 알 수 있다.
⑤ 핸드볼을 좋아하는 학생은 축구를 좋아한다(㉠의 대우명제). 농구를 좋아하는 학생은 축구를 좋아한다(㉢의 대우명제).

45 ③

㉠~㉣의 진술을 정리하면 다음과 같다.
다이어트 안 함 → 음주함
다이어트 함 → 음주함
다이어트 함 → 음주 안 함 → 흡연 안 함, 채식함
따라서 반드시 참인 것은 ③이다(㉣의 대우명제).

46 ①

① ㉠과 ㉡을 통해 참이 아님을 알 수 있다. 인간이 발전할 가능성이 없으면 노력하지 않고, 노력하지 않는다면 한계에 부딪힌다.
② ㉢을 통해 알 수 있다.
③ ㉠의 대우명제이다.
④ ㉣의 대우명제이다.
⑤ ㉡의 대우명제이다.

47 ②

봉사정신을 갖추어야 하므로 일단 C, G는 탈락된다.
리더십, 창의성, 적극성 중 1점을 하나라도 받은 F도 탈락된다.
남은 팀들의 리더십, 창의성, 적극성 점수의 합을 계산하면 다음과 같다.
A = 5 + 2 + 3 = 10
B = 3 + 3 + 2 = 8
D = 4 + 3 + 4 = 11

E ＝ 3 ＋ 3 ＋ 3 ＝ 9
따라서 D와 A가 선정되어 포상을 받게 된다.

48 ④

제시된 조건에 맞는 출장비를 구해보면,
항공비(200 × 5명) ＋ 숙박비(80 × 2명 × 3일 ＋ 40 × 3명 × 3일) ＋ 일비(90 × 2명 × 4일 ＋ 70 × 3명 × 4일)
＝ 1,000 ＋ 480 ＋ 360 ＋ 720 ＋ 840 ＝ 3,400
따라서 총 $3,400이다.
㉠ 1인당 항공비를 50% 더 지급하면 1인당 항공비는 $300
이다. 5명이면 $1,500이므로 기존보다 $500 더 지출된다.
종전 예산이 $3,400이고 여기에 $500을 더 들여도 예산한
도인 $4,000을 넘지 않는다.
㉢ 4박 5일로 늘리는 경우 예산은 부장 2인 숙박비 $160, 과
장 3인 숙박비 $120, 부장 2인 일비 $180, 과장 3인 일비
$210 총 $670이 초과하므로 $4,070이 되어 예산을 초과한다.
㉡ 직급당 일비가 $10씩 늘어나면 하루 $50 늘어나고 4일간
늘어난다면 총 $200 늘어난다.

49 ②

K씨의 마일리지를 정리하여 나타내면 다음과 같다.

일반적립	$6,200,000원 \times \frac{15}{1000} = 93,000점$
더블적립	$6,800,000원 \times \frac{30}{1000} = 204,000점$
총 적립 마일리지	297,000점

따라서 297,000점을 사용하여 받을 수 있는 경품은 32인치
LED TV이다.

50 ③

주영의 도서별 대여료와 연체료를 정리하면 다음과 같다.

구분	대여료	연체료	총합
문학서적 (J작가 스릴러)	1,000원	200원	1,200원
비문학서적 (재테크 관련 서적)	1,600원	300원	1,900원
만화책(스네이크 볼)	6,000원	10,800원	16,800원
잡지(패션잡지)	1,200원	300원	1,500원
총합	9,800원	11,600원	21,400원

따라서 주영이 도서대여점에 지불해야 할 금액은 21,400원
이다.

51 ④

조건을 적용하면 다음과 같다.

구분	대여료	연체료	총합
문학서적 (J작가 스릴러)	1,000원	0원	1,000원
비문학서적 (재테크 관련 서적)	1,600원	200원	1,800원
만화책(스네이크 볼)	6,000원	5,000원	11,000원
잡지(패션잡지)	1,200원	0원	1,200원
총합	9,800원	5,200원	15,000원

따라서 할인되는 금액은 11,600 － 5,200 ＝ 6,400(원)이다.

52 ②

② 개선 전과 후의 보험금 지급 금액은 40만 원으로 동일하다.

53 ③

가중치를 적용하여 신입사원의 팀별 총점을 계산하여 정리
하면 다음과 같다.

구분	기획팀	홍보팀	영업팀
갑	50	49	48
을	46	47	47
병	46	45	46
정	47	51	51
무	53	52	50
1순위	갑, 무		
2순위		정, 을	
3순위			병

따라서 영업팀에 배치될 신입사원은 병이다.

54 ⑤

H의 주간 근무 시급은 9,600원에 경력자 수당 1,000원을
더한 10,600원이고, 야간 근무 시급은 10,600원에 야간 수
당 2,000원을 더한 12,600원이다.

1주 급여	주중 (5일)	11시~18시 (7h)	5 × 7 × 10,600 ＝ 371,000원	552,600원
	토, 일 (2일)	17시~22시 (5h)	2 × 5 × 10,600 ＝ 106,000원	
		22시~1시 (3h)	2 × 3 × 12,600 ＝ 75,600원	

따라서 정산은 2주 단위로 이루어지므로 2주 급여는 1,105,200원
이다.

55 ③

③ 기차 − 버스 − 버스인 경우

서울(08:00) →A박물관 도착(11:00) →점심식사(12:00~13:00) →A박물관 관람(13:00~15:00) →B사찰(16:00~18:00) →저녁 식사(18:00~19:00) →C온천(19:40~20:40) →공항(21:10)

오후 9시 서울행 비행기를 예약했으므로 기차 − 버스 − 버스는 선택할 수 없다.

① 비행기 − 버스 − 도보인 경우

서울(08:00) →A박물관(09:00~11:00) →B사찰 이동(11:00~12:00) →점심식사(12:00~13:00) →B사찰 관람(13:00~15:00) →C온천(16:30~17:30) →저녁식사(18:00~19:00) →공항(19:30)

②, ④, ⑤ 서울에서 A박물관을 갈 때 기차와 버스를 이용할 경우 점심시간이 같아지기 때문에 차이가 없다. 중간에 택시를 한 번이라도 이용한다면 저녁 9시까지 공항 도착이 가능하다.

56 ②

비행기는 비행기표 값 7만 원만으로도 이미 선택지에 포함되지 않으므로 고려하지 않는다.

가능한 조합들만을 대상으로 운임을 계산하여 정리하면 다음과 같다.

이동수단	운임
기차 − 택시 − 택시	72,000원
기차 − 택시 − 버스	64,000원
기차 − 버스 − 택시	63,000원
버스 − 택시 − 택시	52,000원
버스 − 택시 − 버스	44,000원
버스 − 버스 − 택시	43,000원

따라서 최소비용은 43,000원이다.

57 ①

'2024년 제조업의 지역내 총생산의 전년 대비 증가율은 2023년의 전년 대비 증가율에 비해 감소하였으나 5% 이상이었다.'는 부분에서 2023년의 전년 대비 증가율을 알아야 하기 때문에 ㉠이 필요하다.

'2024년 '갑'지역의 지역 내 총생산은 2조 4,810억 원으로 전년 대비 2.0% 증가하였지만, 2024년 국가 경제성장률인 3.3%보다 낮았다.'에서 ㉡이 추가로 필요하다.

58 ④

직접비용	간접비용
컴퓨터, 금융 전문 소프트웨어 구입비 : 4억 5천만 원 법률 자문 계약 : 연 5천만 원	소프트웨어 교체로 인한 업무 장애 손실 : 3천만 원 신상품 교육비 : 1천만 원 법적 문제로 인한 손실 : 4천만 원

따라서 지출한 간접비용은 총 8천만 원이다.

59 ②

② 능력주의는 개인에게 능력을 발휘할 수 있는 기회와 장소를 부여하고, 그 성과를 평가하여 그에 상응하는 보상을 주는 것이다.

① 적재적소주의는 팀원을 그 능력이나 성격 등과 적합한 위치에 배치하는 것이다.

④ 균형주의는 모든 팀원을 평등하게 고려하는 것이다.

60 ②

Y대리가 편성해야 할 예산을 다음과 같다.

항목	예산
현수막	12만 원
배너	3만 원×30개 = 90만 원
음료	5천 원×530인 = 265만 원
체험 프로그램	16만 원×2개 = 32만 원
기념품	1만 원×500개 = 500만 원
부스 배치도 인쇄	1천 원×600장 = 60만 원
행사장 대관료	기본 300만 원 + 추가 요금 50만 원 = 350만 원
합계	1,309만 원

61 ②

② 농업·농촌의 새롭고 당당한 미래상의 중심에 '새로운 대한민국 농협'이 있음을 부각하고 있다.

62 ③

농협의 인재상은 다음과 같다.

① 시너지 창출가 : 항상 열린 마음으로 계통 간, 구성원 간에 존경과 협력을 다하여 조직 전체의 성과가 극대화될 수 있도록 시너지 제고를 위해 노력하는 인재

② 행복의 파트너 : 프로다운 서비스 정신을 바탕으로 농업인과 고객을 가족처럼 여기고 최상의 행복 가치를 위해 최선을 다하는 인재

③ 최고의 전문가 : 꾸준히 자기계발을 통해 자아를 성장시키고, 유통·금융 등 맡은 분야에서 최고의 전문가가 되기 위해 지속적으로 노력하는 인재

④ 정직과 도덕성을 갖춘 인재 : 매사에 혁신적인 자세로 모든 업무를 투명하고 정직하게 처리하여 농업인과 고객, 임직원 등 모든 이해관계자로부터 신뢰를 받는 인재

⑤ 진취적 도전가 : 미래지향적 도전의식과 창의성을 바탕으로 새로운 사업과 성장동력을 찾기 위해 끊임없이 변화와 혁신을 추구하는 역동적이고 열정적인 인재

63 ②

농협경영컨설팅에 대한 설명이다. 농협은 세무사, 회계사, 경영지도사 등 8명의 전문가로 구성된 소상공인 경영컨설팅 팀을 운영하여 재무관리, 프랜차이즈, 마케팅, 인사, 상권분석 등에 대한 컨설팅을 제공한다. 전문성을 가지고 있기에 소상공인들이 가지고 있는 다양한 문제를 해결하고 사업을 제대로 운영할 수 있도록 도움을 줄 수 있다.

64 ⑤

C : 20~30대 소비자들의 해당 상품에 대한 소비량이 증가하고 있으므로 특정 연령층을 타깃으로 삼으려면 10대보단 20~30대를 위한 상품을 개발해야 한다.
D : 경쟁사는 지속적으로 기술력 향상을 위해 노력하고 실제로 기술력이 점차 향상되고 있는 상황에서 독자적인 노하우만 믿고 안일한 판단을 한다면 언젠가 노하우조차 추월당하고 말 것이다. 그러므로 계속적인 기술력 향상을 위한 투자가 필요하다.

65 ④

조직은 크게 영리조직과 비영리조직으로 나뉘는데 제시된 대화의 조직 중 대학, 병원, 시민단체는 모두 비영리조직이다. C가 이직하게 될 건설회사는 사기업으로 영리조직이다.

66 ⑤

⑤ 활성화기(2007~2013년)에 대한 설명이다.

67 ⑤

조직도를 보면 4개의 본부 아래 법무실, 재무실, 자산관리실, 영업기획실, 영업관리실, 해외사업기획실, 해외사업운영실 등 총 7개의 실로 구성되어 있다.

68 ①

①은 '경제 부문'에서 하는 일이다.

69 ④

A : 메일 확인에 '시간 정하기 원칙'을 세우지 않는다면 업무에 문제가 발생하며, 그 문제는 갈등과 스트레스를 유발시킨다.
B : 스트레스는 관리가 가능하다.
D : 갈등 발생 원인 파악, 대화와 협상을 통한 의견 일치, 해결책 고찰 등을 통한 효과적인 갈등관리는 긍정적인 결과를 가져올 수 있다.

70 ①

업무를 수행함에 있어 필요한 권한과 책임은 각자 업무만 열심히 한다고 발현되는 것이 아니다. 직위는 조직의 구성원에게 수행해야 할 업무가 할당되고 그 업무를 수행하는 데 필요한 권한과 책임이 부여되는 조직상의 위치이므로 직위를 함부로 없애는 것은 좋지 않은 방향이다.

지역농협
6급

직무능력평가

박문각